同性婚人権救済弁護団 編

同性婚
だれもが自由に結婚する権利

Samesex-Marriage
Everyone has the right to marry

明石書店

プロローグ

同性婚人権救済申立て当日

2015年7月7日、全国455人の当事者が、「同性婚が認められないのは人権侵害だ」として、日弁連（日本弁護士連合会）に人権救済申立てを行いました。

申立て直後に東京・霞ヶ関の司法記者クラブで行われた記者会見には、香川県のゲイカップルの田中昭全さんと川田有希さん、フランス在住の牧村朝子さん、そして名前と顔を伏せて出席したケイさんが、席に並びました。たくさんの新聞記者・テレビカメラが詰めかけ、真摯《しんし》な質疑応答が長時間続きました。

田中さんと川田さんは、一緒に暮らして8年になります。友人・知人にも両親にもゲイカップルとして受け入れられ、一昨年には二人の「終《つい》の棲家《すみか》」として築40年の家を購入しました。田中さんは、「この家の名義は僕個人です。もし僕が交通事故で死んでしまったら、彼が相続できません。遺言書を公正証書にすることなどいろいろ考えましたが、どれも完全ではなく、いま一番欲しいのは同性婚だと思うようになって申立人になりました」、そう記者たちに話しました。

牧村さんは、初めて女の子を好きになった小学校4年生のとき、「気持ち悪い同性愛者」に自分がなるのかという恐怖心が生まれた、と言います。中学校で他の子が「レズ」といじめられていたときには、胸が痛みつつもどうしたらよいかわからず、周囲と一緒に笑い、それがすごく辛かったと話してくれました。牧村さんは、2011年、現パートナーのフランス人女性と出会いました。パートナーの両親は牧村さんを「私たち家族のもとへようこそ」と言って抱きしめてくれ、牧村さんの両親もパートナーを「新しい娘」と呼んで迎え入れました。二人は、その後同性婚が法制化されたフランスで婚姻して暮らしていますが、日本で婚姻して暮らすことは叶いません。

ケイさんは40代の女性会社員で、交際15年、同居してから8年になる同性パートナーがいますが、それぞれの親にも周囲にもクローゼットです。「マジョリティーに合わせて自分を偽らざるを得ない人たちがたくさんいて、その人たちがどうしてクローゼットなのかを考えてもらうきっかけになれば」。そういう思いで記者会見に出席したケイさんは、声を詰まらせながら、こう話しました。「人生の半分以上、大切な人のことを親にも友だちにも言えず生きてきましたが、これから恋をする子どもたちには恋愛対象が同性であっても隠すことなく、異性のカップルと変わらず普通に祝福される人生を生きてもらいたいと心から願っています」——。

この日本で、全国の多数の当事者が同性婚の法制化を求めて公に声を上げたのは、歴史上で初めてのことです。

私は、弁護団長として申立人の皆さんと一緒に記者会見の席に着きながら、とても感慨深い思いで、自分が弁護士になる直前の14年前の出来事を思い返していました。

私は、50代の友人から急遽病院に呼び出されました。病室には、友人のほかに、酸素マスクをつけた余命数日の男性と、その横でうろたえている外国籍の男性がいました。二人は長年寄り添ってきたゲイカップルで、パートナーは、病床の彼が経営する店の従業員でした。彼が亡くなれば、パートナーは無一文となってしまいます。「君は法律を学んだのだから、書類に不備がないか見てほしい」。それが、友人が私を呼び出した理由でした。そこで、養子縁組届と、縁組に不備があったときのための遺言の、二つを作成することになりました。わずか数行の遺言を、本人は何度も書き間違えます。長時間をかけて、大きく歪んだひらがなだらけの「いごんじょう」が完成しました。養子縁組届と遺言が整い、ほっとしていた直後に、問題が起きました。病床の彼の遠い親戚が病室に到着したのです。親戚らは、「死亡直前の状態を利用して不正な書類が作られている」と騒ぎ出しました。当の本人は疲れで昏睡状態となっており、パートナーも日本語がうまく話せません。友人らが長時間かけて親族に説明し、最終的に納得した親戚は、パートナーとともに養子縁組届を提出しに行きました。その数日後、その方は亡くなられました。さらにその数か月後、私が友人から受けた連絡は、次のようなものでした。「実は、パートナーが在留期限を過ぎていたことがわかり、親族は『遺産を全部持っていくのであれば入管に告発する』と言い出した。結局、パートナーはわずかの金額を受け取って東京から離れていった」――。

この2002年当時、ゲイカップルの相談に応じる国内の弁護士はわずか数名で、ほぼ皆無に等しい状況でした。

日本では1990年代に「ゲイブーム」が起き、テレビドラマや週刊誌は連日のように同性愛を取り上げました。その後、インターネットや携帯電話が普及し、ゲイどうし・レズビアンどうしの出会いや連絡も容易になりました。しかしそれでも、公にセクシュアリティをオープンにする当事者は、ほとんどいませんでした。ゲイどうし・レズビアンどうしの間ですら、本名や職業を互いに明らかにしませんでした。

当時、全国の多数の当事者が同性婚を求めて社会に声を上げ、報道で大きく取り上げられるようになるなど、想像もできないことだったのです。

LGBT支援法律家ネットワークの立ち上げ

今回の同性婚を求める人権救済申立ては、「LGBT支援法律家ネットワーク」有志の弁護士31人で弁護団を組んでいます。

この「LGBT支援法律家ネットワーク」が立ち上がったのは、2007年のあるゲイカップルの相談がきっかけでした。

東京の私のもとに来所した名古屋の若い二人の相談は、「これから婚姻届を出して、不受理になると思うから裁判を起こしたい」というものでした。私が「二人はいま、結婚ができないために、何で困っているのか」と尋ねましたが、二人は、「いまはさしあたって困っていることはない、社会に問題提起がしたい」ということでした。私は、「いま、困っている人の事件で手一杯で、困っていない人の相談は受けられない。裁判所も社会も、困っている事実があって初めて考え、動き出す」と話し、そしてこう続けました。「でも、何かをしたいと思って名古屋から東京に来るエネルギーは素晴らしいと思う。いまもどこかで実際に困っているゲイやレズビアンがいるはず。その当事者が弁護士につながらず、裁判で権利救済できていないことが一番の問題だと思う。過労死弁護団も20年前、全国一斉電話相談を始めて、困っている当事者が弁護士につながり、社会を変える動きにつながっていった。私が東京にいて、君たちが名古屋にいて、大阪には尾辻かな子さん（レズビアンであることを公表した元大阪府議会議員）がいる。東京・名古屋・大阪で一斉電話相談をして、実際に困っている当事者が弁護士につながり、その当事者が裁判を起こそうとするときに、いま困っていない君たちがその当事者を支援する、というのであれば、私も協力する」と。

そうして立ち上がったのが、「LGBT支援法律家ネットワーク」でした。

しかし、実際には、一斉電話相談は実施されませんでした。当時、セクシュアル・マイノリティの問題に取り組む法律家が、弁護士・行政書士を合わせて10名もおらず、あまりにも少なすぎるためでした。「とにかくいまは、法律家の輪を広げていくのが先だ」。そうしてネットワークは、まずはつながりを広げていくことにしたのです。

セクシュアル・マイノリティ当事者が、法的トラブルに直面し法律家に相談したいと思っても、大きなハードルがあります。果たして自分のセクシュアリティに対して偏見を持たずに話をきちんと聞いてくれるのか、本当に自分の味方になってくれるのかが不安。安心して相談できる法律家がどこにいるのかがわからない。そのような司法アクセス障害を解消し、法律家であればだれでも普通にセクシュアル・マイノリティの相談を受けられる社会にしたい、という思いで、LGBT支援法律家ネットワークは、ゆっくりと輪を広げていきました。

社会が変化しつつあっても、裁判は起こされない現状

ネットワークの立ち上げから9年が経ちました。メンバーの数は、いま、札幌から熊本まで、100名以上にもなりました。弁護士、行政書士、司法書士、税理士、社会保険労務士などの法律家が中心で、司法修習生や、大学教授・准教授などもメンバーになっています。メンバーには、セクシュアル・マイノリティ当事者もいますし、そうでない人もいます。

このネットワークは、代表も、会費・会則もない、本当に緩やかなつながりです。メーリングリストでの情報交換・意見交換が、活動の中心です。いろんな立場、いろんな考え方のメンバーがいますので、一つの団体として意思統一したり行動したりすることはありません。勉強会や懇親会を行ったりするほか、具体的なケースで弁護団を組んだり、イベントを開催したり、対外的に意思表明をするときには、そのつど、有志を組むというスタイルをとっています。

この間、日本におけるセクシュアル・マイノリティを巡る社会の状況は、めざましく変化しました。

セクシュアリティを家族・職場・学校にオープンにする人が増えました。同居して長年寄り添いあう同性カップルが増え、老後を考えるセミナーに多くの当事者が参加し、子を監護養育する同性カップルも対外的にメッセージを発信し始めました。新聞の記事やテレビ番組では、お笑いのネタとしてでなく、社会的イシューとして頻繁に取り上げられるようになりました。各地で行われるパレードは、多様なセクシュアリティの人々で賑わい、同性で結婚式を挙げられるホテル

や寺院の紹介ブースや、その場で模擬結婚式を挙げられるブースも現れるようになったのです。そして、ネットワークメンバー各自が取り組む事件も増え、それと同時に、同性婚の必要性を私たち法律家が実感することも増えていきました。

しかし、日本では、これまでトランスジェンダー／性同一性障害の裁判例は多くありますが、同性愛に関する裁判は限られています。同性愛者の団体が東京都の宿泊施設の利用を拒否された府中青年の家事件（原告勝訴で確定）、ゲイのイラン人の難民認定を争った裁判（敗訴）がありますが、これらは同性愛に関する裁判ではあっても、同性「カップル」についての裁判ではありません。日本では、「婚姻は男女に限られない。同性どうしでも婚姻を認めるべきだ」という正面から同性婚が求められ、その成否を判断した裁判例は、まだないようです。

現時点でも、同性婚ができないことで具体的に法的に不利益を被っている当事者がいます。しかし、どの弁護士に相談したらよいかわからないという「司法アクセス障害」があるうえ、実際に裁判で戦うとなっても、決して安くない裁判費用と多大な心理的な負担、勝訴できるかどうかの厳しい見通し、そして場合によっては公開の法廷で争わなければならないことなど、裁判をためらわせるのに十分な障壁があります。

人権救済弁護団の結成──人権救済とは？

２０１５年１月３日、私は、ネットワークのメーリングリストで、新年の抱負として「今年は同性婚の人権救済申立てをしよう」とメンバーに呼びかけました。

その直前の2014年の年末、あるインターネットサイトで、上川あやさんが「トランスジェンダー／性同一性障害の人たちは戦ってきた。同性愛の人たちも声を上げて戦うべきではないか」とお話になっている記事が、私の目にとまったのです。

上川さんは、性同一性障害（GID）当事者として2003年に世田谷区議会議員に立候補・当選し、その年の性同一性障害特例法の成立に尽力された方です。また、私も、性同一性障害の方の事件でネットワークメンバーと有志の弁護団を組み、2013年12月に最高裁での逆転認容決定を得た経験を通して、性同一性障害の方々が声を上げて社会を大きく変えてきたことを実感していました（「GID法律上も父になりたい裁判」。FtM〈身体的には女性だが、性自認は男性〉男性が婚姻した妻との間で第三者精子提供の人工授精により子をもうけたところ、役所が父として認めていなかったケース）。この間、セクシュアル・マイノリティを取り巻く環境が大きく変わり、そして法律家の側もネットワークが広がりを見せてきたことを考えると、同性愛についても、トランスジェンダー／性同一性障害のように、動き出すべきときにあると私も実感していました。しかし、それでもなお、当事者が法律家とつながってアクションを起こすには、裁判という手段は、非常に高いハードルがあります。いまこそ、法的アクセス障害を解消するために、裁判以外の方法を、私たち法律家の側から当事者に提案し働きかけていくことが必要ではないかと考えたのです。

そこで私が年始にメンバーに提案したのが、弁護士会への人権救済申立てでした。

弁護士は、人権擁護を使命としています（弁護士法1条1項）。

弁護士は、全員、弁護士会に加入しなければなりません。原則各都道府県に一つずつある単位弁護士会（ただし東京と北海道は例外的に複数）の会員であり、同時に、日弁連（日本弁護士連合会）の会員です。

弁護士会は、人権擁護という使命のもと、人権救済の手続きを会則で設けています。中立てを受けて、弁護士会が人権侵害の有無という観点から調査・審理します。裁判と違って公開の法廷で審理が進むものではないので、中立人の負担も裁判のように大きくはありません。

調査の結果、人権侵害が認められる場合には、相手方や関係機関に改善を要求する文書を出します。この文書に法的な拘束力・強制力はありません。しかし、弁護士全員が加入している団体が法的な観点から調査・分析した結果は、社会に対して大きなインパクトがあります。これまでも弁護士会は多くの社会問題・人権問題に、この人権救済で社会に強いメッセージを出してきました。実は、セクシュアル・マイノリティの問題についても、弁護士会はこれまで人権救済を行っています（トランスジェンダーや同性愛者の刑事施設での処遇、石原前東京都知事の差別発言）。

今回申し立てることにしたのは、「日本で同性婚が認められていないことは人権侵害である」として、総理大臣、法務大臣、衆議院、参議院に立法するよう、日弁連から勧告することを求める人権救済です。

法的効力はありませんが、社会的な影響はとても大きい手続きです。マスコミも大きく取り上げます。日弁連が「人権侵害の有無」に焦点を当てて調査をし、出すこととなる結論は、今後、同性婚の法律を作る議論の中でも、また、同性婚が認められていない当事者がこれから起こす裁判の中でも、重要な文書として参照されます。今後いつか必ず提起されると思われる同性カップルの法的保障についての裁判を見据えたものとしての人権救済申立てという位置づけもあります。

当事者が中立人として加わりやすくなるよう、弁護士費用はいただかず（委任契約書の郵送代のみ負担)、弁護団は完全ボランティアで活動し、実費はカンパを募りました。また、申立人の皆さんの氏名は原則的に非公表(弁護士会以外には明らかにしない)とし、公表できる方は別途そのことをきちんと確認する方法をとりました。そして、申立人の皆さんとメールで連絡を取り合い、各自、陳述書を作成いただくこととしました。

そのように工夫しても、申立人が集まるのは、多くても100名程度だろうと私たちは1月の準備段階の時点で考えていました。

ところがその後、渋谷区で同性パートナーシップに証明書を発行する条例の制定が検討されている報道が2月中旬になされて社会の関心が一気に高まり、3月に条例が成立しました(なお、世田谷区でも前述の上川さんが積極的に活動を展開し、同性パートナーシップ宣誓書に対して区長が受領書を発行する要綱が制定され、渋谷区の制度と同時にスタートしました)。

私たち弁護団は3月に合宿を行って徹底的に議論を重ね、申立日を七夕の7月7日と決めました。この申立日を決めたときには、6月末にアメリカの連邦最高裁がすべての州で同性婚を認める重要な判決を言い渡すことになろうとは、だれも念頭に置いていませんでした。

4月25日、ネットワーク有志で、憲法学者の木村草太准教授(当時。現教授)を招いて同性婚についてのシンポジウムを開催しました。定員170名の会場をほぼ埋め尽くす参加者が集まりました。そして、この日から6月15日までの2か月弱の期間で人権救済の申立人を募ったところ、私たちの予想を大幅に超えた455人もの申立人が集まったのです。年代は10代~60代までと幅広く、カップルで申し立てたのは142組。地域は全国42都道府県にわたり、海外在住者も二人います。特に、渋谷の画期的な動きが「大都会の東京の出来事」と受け止められていた地方都市では、「どの地域にも当事者がいるのだ」ということが意識され、地元の新聞で大きく記事や特集が組まれたりしました。これほどまでに多くの申立人が集まり、各自のライフストーリーや法的困難が語られた陳述書が集まったのは、初めてのことです（なお、その後申立人の転居や追加申立て等があり、現時点で申立人は４５６名、41都道府県）。

また、この人権救済の申立人には、異性のパートナーがいるトランスジェンダーの方もいます。トランスジェンダーで異性を愛する方の場合には、性同一性障害特例法で性別の取扱いを変更しパートナーと戸籍上異性になれば、婚姻することができます。しかし、性別の取扱いを変更できない場合には、たとえ自分たちを異性カップルだと認識していても、戸籍上同性どうしであれば、婚姻することができません。性別の取扱いの変更に性別適合手術が必要とされているなど、特例法自体が問題なのですが、その解決をめざすことと並行して、同性婚が法的に認められることで、トランスジェンダーのカップルも婚姻できるようになることは、当事者にとっても、また、社会にとっても歓迎されるべきことです。

署名の形でこの申立てを応援してくださった方々も非常に多くいらっしゃいました。紙の署名で１２２８筆、電子署名に至っては1万４５２筆も集まりました。短期間のうちに非常に多くの方がＳＮＳで広く署名を呼びかけてくださり、中には、自発的に新宿の街頭で署名活動を行ってくださった方々までいたのは、弁護団にとっても非常に心強いものでした。

だれもが尊重される社会をめざして

この本が出版されるときには、日弁連の結論は、まだ出ていません。その現時点でこの本を出すのは、「弁護士会だけでなく読者の皆さんにも、全国から集まった当事者の声に耳を傾け、そして私たち弁護団と一緒に考えてほしい」と思うからです。

「家族とは何か」ということは、この社会を構成している私たち一人ひとりがどう思い、どう考えるかということと、密接に関連しています。「法律でこう決まっているから」「法律に詳しい人たちでそう決めているから」というのではなく、すべての人々が一緒に考えることこそ必要なのです。

社会の中には、同性婚について、頭の中だけの理屈で議論し、否定的な考えを持っている人も見受けられます。もちろん、それだけでなく、同性愛当事者の中にも、婚姻制度に否定的な考え方を持っている人もいるでしょう。しかし、同性婚を求める当事者の話をよく聞き、実際に起きている事実から出発して考えることが、なにより大切です。

そして、今回申し立てたのが「人権救済」であることからもおわかりいただけるように、同性婚の問題が、まさに「人権」の問題であるということを念頭に置いて、読み進めていってほしいと、強く願っています。だれもが一人ひとり大切な人間として尊重され、差別されないこと。安心した毎日の暮らしと、幸せな人生を送ることができること。人が生まれながらにして持っているそのこと、異性間であればできる婚姻が、なぜ同性間では認められないのか。そもそも「婚姻」とは何なのか。——それらを、人権という視点から皆で考えてほしいと思っています。同性婚の問題は、同性愛者・両性愛者だけの問題ではありません。一人ひとりが尊重される、多様性が肯定される社会は、だれにとっても生きやすい、より良い社会となるはずです。

申立て前の2015年の3月に渋谷区の条例ができ、6月にアメリカの連邦最高裁の判決が出ることは、私たち弁護団も予想していませんでした。人権救済申立ての前日の7月6日には、韓国で初の同性婚訴訟の第1回期日が開かれています。これらすべてが同じ2015年に重なったのはまったくの偶然ですが、しかし、必然でもあったのだと思います。日本の同性愛者が苦しみながら少しずつ歩み続けてきたことが、世界の動きや国内の動きと重なって、まさにこのタイミングになったのです。

欧米を中心として他国では同性婚が認められ始めていますが、それでも、世界で初めて同性婚が認められたオランダですら2001年からです。また他方で、21世紀に入って、同性愛の規制を強化したり禁止したりして、迫害する国々もあります。同性愛・同性婚について、世界はいままさに大きく動いている状況です。その中にあって、日本はいま、同性愛について規制もされていなければ、保護もされていません。

だからこそいま、今回の人権救済申立てとこの本を通して、日本社会が同性婚の問題を人権問題として認識する契機となることを、強く願っています。

同性婚人権救済弁護団　団長

山下敏雅

重版によせて

「同性婚を認めないことは、憲法13条、憲法14条に反する重大な人権侵害であると評価せざるを得ないこと、及び憲法24条は同性婚を法律で認めることを禁止する趣旨とは考えられないことに照らせば、我が国は、速やかに同性婚を認め、これに関連する法令の改正をすべきである」

人権救済申立から4年後の2019年7月18日、日弁連は、国に対して「同性の当事者による婚姻に関する意見書」(https://www.nichibenren.or.jp/document/opinion/year/2019/190718_2.html)を出し、同性婚が認められないことが人権侵害であると、明確に述べました。

弁護士会の人権救済は、法的拘束力はありませんが、社会に対する影響がとても大きい手続です。日弁連の意見書が発表されたときのマスコミ・社会の関心も非常に高いものでした。霞ヶ関の司法記者クラブには、4年ぶりに田中昭全さん、川田有希さん、牧村朝子さん、ケイさんの全員が再び集まってくださり、その記者会見の内容は、申立てのときと同じかそれ以上に各メディアで広く報道されました。

約450名の申立人一人ひとりの声の積み重ねと、応援してくださった日本各地の当事者・アライ一人ひとりの声の積み重ねが、社会を一つ前へと確実に動かしたのです。

日弁連は、申立人の皆さんに直接のヒアリングを重ね、会内で慎重な検討を行ったうえで、次のように的確に判断しました。

●憲法13条（幸福追求権・自己決定権）

「異性同士の結合に自己決定権としての婚姻の自由が認められている根拠はそれが人格的生存に深く関わる価値を有するところにある。同性同士の結合も異性同士の結合と同様に人格的生存に深く関わる価値を有する。したがって、同性同士の結合にも、自己決定権としての婚姻の自由が保障されるべきことは明らかである」

●憲法14条（平等原則・差別禁止）

「性的指向は、本人の意思によっては左右できないものであり、同性愛は歴史的にも強固な差別の根拠となってきたものであるから、（憲法14条に明示的に）列挙されている事由と同様に、厳格な基準をもって判断すべきであると考えられる。したがって、性的指向によって別異の取扱いをすることは、強い正当化事由がない限り禁止される」

「同性との婚姻を認めないという別異の取扱いは、重要な権利・利益についての大きな違いをもたらしていることからしても、厳格に審査されるべきである」

として、いわゆる歴史的伝統的な結婚観により婚姻の意義を生殖と子の養育を目的とするものと限定することや、民法が定める他の消極的要件、手続的な混乱などは、性的指向によって別異の取扱いをする正当化事由とはなり得ない、として「法制度上、同性婚を認めないことは、憲法

14条の定める平等原則に反する」
●憲法24条
（「両性の合意のみ」との文言を用いている）「憲法24条は、同性婚を法律で認めることを禁止しておらず、その基本的な趣旨に照らせばむしろ許容しているものと考えるべきである」

そして日弁連は、同性婚が認められていないことが重大な人権侵害であるとして、国に対し、同性婚を認める法令の改正を速やかに行うよう求めました。

しかし、日弁連が「速やかに」同性婚を認めるよう求めたにもかかわらず、この追記を執筆している２０２１年４月時点で、同性婚は未だ法制化されていません。

日弁連の意見書について問われた山下貴司法務大臣（２０１９年当時）は、「家族の在り方の根幹に関わる問題で極めて慎重な検討が必要だと考えている」とコメントしました。この「極めて慎重な検討」という言い回しは、人権救済申立ての２０１５年当時の安倍首相も、この追記を執筆している２０２１年時点の菅首相も、まったく同じフレーズを使っています。

国は、「極めて慎重な検討」などと言いながら、実際にはまったく何らの検討もしていないのです。

国が同性婚に向き合わず、法制化に取り組まないこの間にも、社会は確実に前へ前へと進んでいます。

人権救済申立てと同じ年の２０１５年に渋谷区と世田谷区の2自治体で始まったパートナーシップ証明は、この追記を執筆している２０２１年4月時点で１００以上の自治体にも広がり（全国の総人口の3分の1以上をカバー）、１７００組以上が利用しています（渋谷区・認定特定非営利活動法人虹色ダイバーシティによる全国パートナーシップ制度共同調査）。

また、やはり人権救済申立てと同じ年の２０１５年、朝日新聞の世論調査では、同性婚を「認めるべきだ」が41％、「認めるべきではない」37％と回答が割れていましたが、この追記の執筆直前の２０２１年3月の世論調査では、「認めるべきだ」が65％にも及び、「認めるべきではない」22％を大きく上回りました。

同性カップルの法的保障についての裁判も各地で提起されるようになり、裁判所が法的保護を認めた事案も積み上がり始めています。

２０１９年3月には、東京地裁で行われていた日本人・台湾人のゲイカップルの在留資格訴訟で、判決前に被告の国側がギブアップし、台湾人男性に在留特別許可が認められました。同年9月には、宇都宮地裁真岡《もおか》支部で、長期間同居してアメリカでも結婚していた同性カップルの一方当事者の不貞行為をきっかけに関係が破綻したケースで、裁判所は、二人の関係が法的保護の対象になるとして、不貞行為をした当事者への損害賠償請求を認容し、東京高裁、最高裁も、地裁の判断を支持しました。

世界に目を向けてみても、同性婚が認められる国・地域が、ますます増えています。

２０２１年４月時点で、29もの国・地域で同性婚が可能になっています。このうちアジアでも、台湾で、２０１７年５月に最高裁が同性婚を認める法改正を行うよう命じる判決を言い渡し、２０１９年５月から婚姻が可能になりました。

しかし、社会の理解がそのように進んでいても、法律で同性婚が認められてないがために不利益を被り、尊厳を傷つけられている当事者が、今もなお多くいます。

名古屋では、「婚姻の届出をしていないが、事実上婚姻関係と同様の事情にあった者」も救済対象と定められている犯罪被害者給付金について、同性パートナーを殺害された当事者への支給を認めないとする不当判決が地裁で言い渡されました。本稿執筆中も高裁で訴訟が続いています。

大阪では、長年連れ添った同性パートナーの葬儀への立ち会いを法律上の親族に拒否されたケースで、地裁・高裁ともに、親族に対する慰謝料請求を認めませんでした。

私は、この本のプロローグの冒頭で紹介した「いごんじょう」の経験を踏まえ、同性カップルのための遺言作成支援を続けていますが、先日も、ある同性カップルのケースで、ご本人の容態が急変して私との法律相談が間に合わないまま逝去されてしまった悲しい事案に接したばかりです。

パートナーのよしさんとともに人権救済の申立人となった佐藤郁夫さんは、日弁連のヒアリングで積極的に発言し、マスコミの取材にも応じてくださっていました。

その佐藤さんが、２０２１年１月に急逝されました。

佐藤さんの入院先の病院で、よしさんが「パートナーです」と告げたにもかかわらず、医師は「親族でなければダメだ」と目の前にいるよしさんに病状説明を拒み、別室から佐藤さんの妹に電話をかけました。その入院先は、ＨＩＶ診療の拠点病院として多数のゲイ当事者を受け入れていますが、そのような病院ですら、長年連れ添った愛するパートナーの病状の説明をしなかったのです。

同性婚が認められ二人が法律上のパートナーであったならば、そのような事態は生じていなかったはずです。

このような状況にありながら法改正が一向に進まない日本で、同性婚を求める訴訟が、いよいよ始まりました。

「結婚の自由をすべての人に訴訟」は、日弁連意見書の数か月前の２０１９年２月14日にスタートし、現在、札幌・東京・名古屋・大阪・福岡の５か所で争われています。

人権救済申立ての取組みがこの訴訟へとつながり、人権救済のときの申立人や弁護士の多くがこの訴訟に関わっています。そして、日弁連の意見書が、重要な証拠として訴訟に提出されています。

とても心強いのは、新しい当事者の方々・弁護士の皆さんがこの訴訟に加わり、支援の輪も人権救済のとき以上により一層社会に確実に広がっていることです。

そして、２０２１年３月17日、５地裁の中で最初に判決を言い渡した札幌地裁は、次のように述べて、同性婚が認められていないことが法の下の平等・差別禁止を定めた憲法14条に違反すると明確に判示し、国内外にとても大きな反響を呼びました。

「圧倒的多数派である異性愛者の理解又は許容がなければ、同性愛者のカップルは、重要な法的利益である婚姻によって生じる法的効果を享受する利益の一部であってもこれを受け得ないとするのは、同性愛者のカップルを保護することによって我が国の伝統的な家族観に多少なりとも変容をもたらすであろうことを考慮しても、異性愛者と比して、自らの意思で同性愛を選択したのではない同性愛者の保護にあまりにも欠けるといわざるを得ない」

「異性愛者に対しては婚姻という制度を利用する機会を提供しているにもかかわらず、同性愛者に対しては、婚姻によって生じる法的効果の一部ですらもこれを享受する法的手段を提供しないとしていることは、立法府が広範な立法裁量を有することを前提としても、その裁量権の範囲を超えたものであるといわざるを得ず、本件区別取扱いは、その限度で合理的根拠を欠く差別取扱いに当たると解さざるを得ない。したがって、本件規定は、上記の限度で憲法14条1項に違反すると認めるのが相当である」

この判決は、原告と弁護団を支援・応援くださった国内外のすべての当事者・支援者の皆さんと一緒に得られたものなのだと、判決の判示とSNSの反応を通して実感しています。

ただ、札幌の判決は、同性婚が認められていないことが憲法違反だとは認めたものの、国の立法不作為自体は、「国会が正当な理由なく長期にわたって改廃等の立法措置を怠っていたと評価することはできない」として違法と認めませんでした。

そのため、原告側は、政府・国会の速やかな立法措置を促すさらに強いメッセージとなる司法判断を求めて控訴しています。

上述の佐藤郁夫さんは、東京訴訟の原告の一人として、第1回口頭弁論期日の法廷で次のように意見陳述を行いました。

「私はＨＩＶ以外にも病気を抱えており、寿命はあと10年あるかどうかだろうと覚悟しています。死ぬまでの間に、パートナーと法律的にきちんと結婚し、本当の意味での夫夫《ふうふ》になれれば、これに過ぎる喜びはありません。天国に逝くのは私の方が先だろうと思っていますが、最期の時は、お互いに夫夫となったパートナーの手を握って、『ありがとう。幸せだった』と感謝をして天国に向かいたいのです」

最期の時に「夫夫」でいたい。

その夢の叶わなかった佐藤さんのご冥福を心からお祈り申し上げるとともに、同性婚が認められていないこの今、この瞬間も、尊厳が傷つけられている当事者が私たちとともにこの社会にいること、そして日弁連が同性婚の立法を「速やかに」行うよう求めていることを改めて想い起こし、一日も早い同性婚の実現に向けてこれからも皆さんと一緒に取り組んでいきたいと思っています。

２０２１年４月

弁護士　山下敏雅

同性婚　だれもが自由に結婚する権利◆目次

PART 2

なぜ、差別や偏見があるのだろう？「同性愛嫌悪」の根底にあるもの

PART 3 同性カップルを取り巻く不利益　かくも不平等な法律、制度、ルール

PART 4
憲法や法律は同性婚をどうとらえているか
「憲法で禁じられている」の誤り 149

本文イラスト／ぼうごなつこ

PART 1

悩み・孤立・生きづらさ
私たちが同性婚を求めるのはなぜか

日本弁護士連合会に対して、同性婚制度を求めて人権救済を求めている申立人は、一人ひとり、その思いを「陳述書」にまとめて提出しました。「陳述書」には、当事者であるがゆえの悩みや苦しみが書かれています。一人ひとりの人生は異なりますから、申立人の心情もそれぞれですが、共通するところがいくつもあります。なぜ同性婚を求めているのか。そのバックボーンを理解するために、この章では、申立人が困ったり傷ついたりしたことを拾い上げていきます。

1 子どものころに感じた不安や戸惑い

周囲との溝を感じたのは幼少期のころから

何人もの申立人が、まだ小学校にあがる前の幼少期のころから、自分の性的指向や性自認を感じたり、気づいたりしながら自覚を深めていったことを陳述書に記しています。

自分のことを自覚しはじめると同時に、自分を取り巻く日本の社会から、自分の性的指向・性自認が受け入れられていないことにも気づかされます。

たとえば、友だちが保育園や幼稚園の異性の先生を想っているときに自分は同性の先生を想っていることに気づいたとき。与えられた服やランドセルの色に違和感を覚えたとき。友だちから「どの子が好き?」と聞かれたときに、異性の同級生の名前を挙げられないで、話についていけないとき。

そのたびに申立人は子どものころから周囲との壁や溝を感じました。

「自分は『普通』じゃない」

「本当のことを言ったら気持ち悪いと思われるのではないか」

次々と悩みにとらわれていくのに、自分の性的指向や性自認を親・保護者などまわりの大人に伝えることもできず、幼い子どもが自分一人の胸に自分の気持ちを納めたまま孤独感を深めています。

セクシュアル・マイノリティをまったく理解していない教師から、否定的な対応をされた体験も書かれていました。子どもを支えるべき教育現場で、セクシュアル・マイノリティの子どもたちが受け入れられず、サポートのない状態に置かれてきたことが陳述書からもよくわかります。

まず、幼いときに自分の性的指向が同性に向いていることに気づいた申立人の話を紹介します。

✴ 恋バナで盛り上がれない

小学生のころ、まわりの友だちはいわゆる「恋バナ」で盛り上がっていました。幾度となく「好きな人は?」などと聞かれ、何とも答えられず誤魔化してきました。

男性に興味を持てない自分が異常なのだと思い、それを言い出せない自分がいました。おかしいと思われるのが怖かったのです。

「男性に興味が持てない」と言い出すことが、差別される異常なことだと子どもながらに思っていました。（埼玉県・30代）

✴ 担任から「オカマじゃないよね?」と言われて

小さいころは同級生から「オカマだ、オカマだ」とからかわれたりすることもあり、つらい思いをした経験があります。

小学校2年生のときのことですが、学校の帰りの会で、担任の先生が私を教室の前に立たせて、クラスの児童たちに「○○君はオカマかい？　違うよね、普通の男の子だよね」という話をしたことがありました。たぶん担任の先生は、私が他の児童からオカマだといじめられているのを見かねて、そういう対応をしたのだと思います。しかし、担任の先生からそのような話をされた私は、そのとき以来、「自分をそのまま出すのはいけない」「自然体でいると、先生や他の人に迷惑がかかる」と考えるようになりました。そして私は、自分は男らしくしないといけないんだと強く感じるようになりました。（七崎良輔　東京都・20代）

次は、性自認が生物学上の性と異なるトランスジェンダーの申立人の陳述書に記された子どものころの悩みです。幼いころから、自分の性別に違和感を抱くものの「性自認」「トランスジェンダー」「性同一性障害」といった言葉やこれらに関わる知識を得る機会もないことが表れています。

＊「普通」ってなんだろう

私は物心ついたときから自分の性別に違和感を持っていました。初恋も女性の保育士さんで、ランドセルもなぜ黒じゃないんだと思っていました。でもいずれ普通に男性を好きになるだろうと思って生きてきましたが、何年経過しても結局好きになるのは女性ばかりでした。

少しずつ大人になるにつれ、自分は普通じゃないんだと思うようになり、病気を疑ったりしましたが、それをだれかに相談できるわけもなく、自殺も考えました。普通じゃない自分を受け入れる社会なんてないと思っていたからです。そもそも、「普通」ってなんなんでしょうか？

私たちが小さいときから植えつけられている「普通」という基準は、「ほとんどの人がそうである」ということ以外になく、「普通」じゃないからという理由で偏見を受ける人たちがいるという事実が問題だと思います。（大阪府・30代）

✷幼稚園のときから自覚はあった

私は、幼稚園に通っていたときには、すでに自分のことを変わった存在だと認識していた。「性同一性障害」とか「性自認」という言葉を初めて知ったのは高校生のときで、それも学校で教わったのではなく本屋で性に関する本を見つけたときだった。それまでは、自分を語る言葉を持たず、また、だれに相談できるでもなく、周囲との間に壁をつくって生活していた。大学に入って友人に恵まれ、また少しずつ自分も自分自身のことを受け入れることができるようになった。そして、伴侶に出会えたことで、自分のままで生きていいのだと思えるようになった。（東京都・30代）

将来の家族像に希望が持てない

家族や社会から「カップルとは異性愛のカップルしかない」との「常識」を押しつけられ、子どものころから「自分は将来家族を持つことができない」「自分は『結婚』はできない」と感じてしまいます。

「ひとりきりで死んでいくしかない」との厳しい将来像を抱き、家族と暮らす希望を持つことができないと苦しんでしまいます。

✷家族ってなんだ

小学生のとき、先生に何が欲しいかを聞かれ、家族と答えたところ、両親のいる私に対し、先生は不思議そうな顔をしました。

もし同性婚が当たり前の日本であれば、家族を持ち、子どもを産むことができたと感じています。（西村真由美　東京都・40代）

✷5歳で間違った性に生まれたと認識した

私が女性を好きだと気づいた当時（80年代）、LGBTに関する情報はテレビしかなく、そこで登場するのは「オカマ」と呼ばれる女装した男性か、「オナベ」と呼ばれる男装した女性でした。私は5歳にして、自分は「間違って」女の体に生まれた「男」なのだと認識したのです。

これは、当時自分が目にする「パートナー」のモデルが男女のものしかなかったことが原因であると思っています。女性が好きなのだから男にならなくてはならないと思ったのです。そうでなければ辻褄が合わないと思ったのです。ですので、5歳ですでに結婚は無理なものと思っていました。自分はフツーには生きられないと思っていました。（成田麻悠子・東京都・30代）

✷結婚に興味がなかった

私は、子どものころから結婚というものに興味のない人間でした。結婚する、という夢がなかったのかというと、同性愛者であるという自覚はなくとも、自分にはできないものと思っていたのかもしれません。（安井かおり　広島県・30代）

2 社会から受け入れられない自分を受け入れられない

社会から自分の性的指向や性自認が受け入れられていないことに気がつくと、こんどは自分で自分を受け入れることができないと悩みます。陳述書には、自分を守るために自分のセクシュアリティを隠さなければならず、自分自身で自分を否定し、劣等感を持たざるを得なかった心情が吐露されています。

自分が社会から受け入れられていない苦しみは、精神的健康を害します。子どものころから希《き》死念慮《しねんりょ》に悩まされ、自殺・自殺未遂に及んだ人もいます。同じセクシュアリティの友人や知人が自殺したという陳述書もありました。また、自殺者がセクシュアリティを隠して生活していたから、警察も親も自殺者の悩みの真の原因に気づくことがない、「死んでもなお『いないこと』になっている」との指摘もありました。

✴ 自らを開示するかどうかつねに考え、緊張

「同性を好きになること」については、性的指向を受容するまで、受容してから、どちらも苦労がありました。私の10代、20代は、同性愛は正しくない、という見なされ方がほとんどだっ

たので、同性愛の自己を受容し、肯定的にとらえ直して人生を始めるまでに多大なるエネルギーを割く必要がありました。私の場合は、10歳で気づいてから18年もの時間を要しました。さらに、同性を好きなことが自然な自分なのだと受け入れ生き始めてからも、まわりに見本となる大人がおらず（存在が見えず）、苦労をしました。また、関わるあらゆる人・場面で、自らを開示するかどうか、そのことの影響をはかりにかけ、カミングアウトをしていない場では、どこか緊張感を持ちながら社会生活を送っています。（鳩貝啓美　千葉県・40代）

＊同性愛者の自分に誇りをもって生きたい

私はいまメンタルの病気を患っています。若いころから自分の本音を出せる場所がなく、精神的に不安定な時期が続いていました。思春期のころから自分は同性愛者だと認識していましたが、だれにも相談することができずひとりで悩んでいました。時が経つにつれさまざまな出会いもあり、同性愛者としての自分に誇りを持って生きていきたいという気持ちが強くなり、そう決意したころから生きるのが少し、楽になりました。

もしも自分が思春期のころに、すでに同性婚が認められて、同性カップルを街中などで自然な形で見られていたとしたら、もっと自分は早い段階で勇気づけられたと思うし、場合によっては病気になることもなかったかもしれません。（東京都・30代）

＊死んで世間に詫びるべきだと思い込んでいた

いまだ、同性愛というものに関して、「怪しい関係」「危ない関係」「思春期の勘違い」「治るもの」であるというような偏見が根強いと考えます。そして、そういった偏見や拒絶を恐れるあまり、親しい人にもなかなか恋愛に関する相談をできないということがあります。また、その偏見により、強い劣等感を抱き、思い悩むこともあります。

10代のころには、自分が間違った恋愛をしているのだと思って、「死んで世間に詫びるべきだ」などというよくわからない理屈で、どうにかして死のうと頑張っていたこともありました。いまとなっては、何に詫びようと思っていたのか、死ぬことが何の詫びになると思っていたのか、本当に不思議でなりません。（鹿児島県・20代）

✷苦しくて死にたいと思った

中学1年生のときに男性の同級生を好きになり、自身が同性愛者であることに気づきました。当時は、自分以外に自分のような人間がいるとは想像もできず、将来への不安を強く感じ、ときに自死願望を抱くこともあり、とても苦しみました。（長崎県・40代）

✷いまだに苦しんでいる人がいる

いつの時代もセクシュアル・マイノリティはいたはずです。

いまたくさんのオネエタレントさんの努力や、皆さんのカミングアウト、インターネットの普及などでようやく世の中が変わってきたと思います。

しかしまだまだ間違った知識や理解があるなかで苦しんでいる人々が多いです。

たとえば学級内ではイジメがあります。

それを機に自殺を試みた人も大勢います。

ホモやレズとからかわれ自分の居場所がない大人も多いです。

一刻も早く同性婚を実現することでたくさんの可能性が広がります。救われる命さえあると思います。（坂友里恵　愛知県・20代）

✴ 恋愛感情を隠して生きる悲しさ

恋愛感情というものは、多くの人が子どものときからずっと関わりがある感情だと思います。小学校時代に初恋、中学生時代に異性を意識しはじめ、高校生から大学生時代に恋人ができ、20代から30代で結婚というように。

そういった感情を家族や学校の友だち、職場の同僚等に隠し続けることは、とても悲しく、精神的苦痛が常に伴います。たとえば、恋愛の話になったら、彼氏を彼女に置き換えて話したり、興味のない振りをしたり。仲良くなればなるほど、プライベートな話は付き物だと思うので、わざと距離を置いてしまったり。

19歳から21歳まで、3年間付き合った彼氏がいました。通常、恋人ができて、両親などに紹介した場合、多くの場合は喜んで応援してくれるものだと思いますが、逆に悲しまれてしまうのではないかと思ってしまい、精神的に不安定になり、精神科に通院した時期もありました。

30歳も目前に迫り、まわり（学生時代の友だち、職場の同僚等）は結婚をしていくことも多いですが、素直に祝福できなかったり、そんな自分が嫌になったり、また、どうせ自分にはできないのだと悲しくなってしまったり。

こういった感情を背負い続けて生きていくことは、とても悲しいです。セクシュアル・マイノリティに精神疾患が多かったり、自殺者が多いこともおわかりいただけるのではないでしょうか。（東京都・20代）

✷教師に打ち明けたら「気色悪い」と言われた

私は、中学生のころから、女子が好きになる多くの他の男子生徒とは違い、同性にひかれることを強く意識するようになり、一般的にテレビや学級内で交わされているような恋愛話にはまったくなじめなかったのですが、成長したら、自分も女子を好きになり、女性と性交を望むようになるのだろう、と思っていました。

しかし、高校生になっても一向にそのような傾向は現れず、私は、ますます混乱していきました。まわりと比較してみて、自らの「特異性」を不安に思い、自分と同じように、同性を好きになる人は、テレビのなかでしか知らず、しかもその人たちは、普通に、「気持ち悪い」と言われたり、そのような表情をされている場面が日常であったため、異性愛とは違うということを、自ら、やはり「異常」なのではないか、と思い悩み、元気もなくなり、不安におびえるようになりました。そして、あのテレビ番組でみる、「ホモタレント」のように私も見られ、扱われるのではないかと常に緊張を強いられる生活へとなっていったのです。

他のクラスメイトは、楽しく明るく学校生活を送っているように見えましたが、私はクラスメイトとも打ちとけず、かつ、勉強も手につかなくなるほどの不安と緊張を抱いている日々であったため、成績もみるみる悪くなっていきました。

そんな状態をみかねたのか、担任の先生が私に「大丈夫か？　心配事でもあるのか？」という内容の声かけをしてくれましたので、私は「男性が好きなようなんです」と言うと、その教師は「そんな気色悪いことは言うな。俺にはそんな趣味はない」と言ってきました。

（兵庫県・40代）

✷ だれにも相談できず追いつめられる同性愛者

同性愛者は、幼少期に自分のセクシュアリティに気づくことが多いと思いますが、周囲の人が正しい情報を持っていないので、いじめや差別を受けることが多く、自分を否定しながら育っています。そのため、大人になっても自己肯定感を持つことができず、うつ病や依存症の精神疾患を発症しやすく、自殺率も異性愛者と比較して約6倍といわれます。

実際に、私の友人は、自分のセクシュアリティを親や学校に理解してもらえず、3年前に自殺しました。同じような理由で自殺する人はたくさんいると思いますが、家族やパートナーが自殺を発見しても、警察に対して本当の理由を語ることができないのが現状だと思います。また、そもそも、亡くなった方の親は同性愛者であることを知らないケースも多いと思います。

このように、私たち同性愛者は死んでもなお「いないこと」にされているのです。当事者も、その周囲の人も、だれにも相談できない、このような見えない社会の雰囲気が無言の圧力となって、当事者たちを追い詰めているのだと思います。（京都府・30代）

✷ これは命の問題です

私は子どものころから女の子が好きでした。そのことを自覚したと同時に私の中にある「常識」は私を殺そうとしました。初めて自殺未遂をしました。

私は9歳でした。

私はずっと、二度とこんな世界には生まれたくないと思っていました。でもこうやって少しずつ世界が変わっていくなら、みんなで変えていけるなら、また産まれ、人と出逢い、愛を知りたいと思いました。

これを他人事だなんて思わないでほしいです。

この世界は、まだまだとても生きにくい世界です。

自分の家族や大切な人が同性愛者で、本当はすごく苦しんでいるとしたらと想像してください。

自殺未遂をした9歳の私と同じ子どもたちがこの世界にはまだたくさんいると思います。

なぜ、そうしなければならなかったのか、どうすればそうならないのか。

私を一番最初に差別したのは他のだれでもない私自身でした。

家族が同性愛者を変だと認識していなかったら、近所の人が同性愛者をおかしいと認識していなかったら、友だちが同性愛者を普通じゃないと認識していなかったら、テレビやメディアが同性愛者を変人扱いしていなかったら、学校でいろんな愛の形があることを教えてくれていたら、子どもたちの中に芽生えた常識も違っていると思います。

同性愛者が差別されない世の中、同性愛者の子どもがイジメられない世の中、それは一人ひとりの中にある常識が作り出す世界です。

一人ひとりが思っている常識がだれかの命を奪うことに繋がることを、どうか忘れないでください。

これは、命の問題です。（篠崎佳代子　福岡県・30代）

✷精神的に本当につらい青春時代だった

35年間自分のセクシュアリティについて毎日悩んで生きてきました。自殺を考えたことも一度ではありません。それを思いとどまれたのは単に両親に愛されて育ったからで、そうでなければこの世になんの希望も見出せず命をたっていてもおかしくない状態でした。私のように子ども時代に進むべきモデルがない世の中で子ども時代を過ごすと、希望がなく、自己肯定感は育たず、精神的に本当につらい青春時代を過ごします。現在は本当の自分を受け入れ、一部の周囲の人たちにも認められて暮らしているので基本的に穏便に暮らしていますが、世の中がそれが当たり前になれば同じような人たちの救いになるのは間違いないと思います。一刻も早い法整備を望みます。私のような人間が確実にいること、みなさんの隣に普通に暮らしていることを多くの方に知ってもらいたいです。（東京都・30代）

✷好きでもない男と結婚するほかないと悩んだことも

同性である女性しか恋愛対象に思えない私は異常で欠陥品なんじゃないかと自己嫌悪で悩ん

でいた時期がありました。大人になったらまわりがどんどん結婚していって、周囲からの圧力もさらに増すだろうから、男の人をだまして好きでもない人と結婚するか、それが無理だったら死ぬしかないなあ、なんて本気で考えていました。現在では、「自身がレズビアンである」という現実を受け止められるようになり、少し楽に生きられるようになりましたが、まだまだ押しつぶされそうになる日もあります。（岡山県・20代）

✳ 偏見や差別の目が強く公にするのが困難

思春期に、自分が同性愛者であることに気づきましたが、同性愛者が生きていくことがまったく認知されていない社会であることに気づき深く傷つき、絶望しました。自分の生きていきたいと思う生活が周囲に認知されていないだけではなく、否定されたり誹謗中傷の存在としてあることが当然（ホモやレズは馬鹿にしてよい、気持ち悪い）であったので、自分自身を肯定するのに大変な時間がかかりました。また、恋愛の話をするときに、自分の気持ちを隠さないといけない（ヘテロセクシュアル*として振る舞わないといけない）のでつらかったです。また、自分がつらいことも表明できなかったので、どこにも気持ちの吐き場がなく、メンタルヘルス上大変なストレスがかかりました。いまでもそのストレスは変わりませんが、理解をしてくれる人の存在を得る努力を長い間かかってしてきたので、その人たちの中で自分を偽らずに生きていくことができます。

しかし、周囲の人間との付き合いには、常にカミングアウトして自らを公表し、相手の理解を得ていく（時には傷つけられることも多い）という作業をしていかねばらないというストレスがついてまわっています。レズビアンであるとカミングアウトすることには、社会的な偏見や差別の目が強いため、軽々しく社会的な場面でセクシュアリティを公にすることができません。仕事の場面でも、プライベートな場面でも常に自らを偽らねばならず、マイノリティでない人が当然受けている恩恵について、権利があることを訴えることもできず悲しい思いをすることが多いです。（東京都・30代）

＊性的指向が自らの性自認と異なる性、つまり異性に向いていること。いわゆる「異性愛」のこと。70頁参照。

✴「みんなと同じように」なれなかった

女性で、レズビアンです。10代前半ごろから、周りの友達と自分で、「何かが違う」というなんともいえない違和感がありました。周囲が恋愛の話をしはじめるにつれて、その違いを少しずつ理解しはじめました。10代後半には自分のセクシュアリティを受け入れられず、男性ともお付き合いしたこともあります。そうすれば「みんなと同じように」なれると、どこかで考えていたのだと思います。20代に入り、無理をするのではなく、好きになった人を自分で認める、受け入れる気持ちができてきました。（金由梨　東京都・30代）

✴日常の多くの場面で本来の自分を表現できない

私が見聞きした職場やマスメディアにおける同性愛者についての表現は、いまだ否定的・侮辱的なものが多いと感じています。最近の例を挙げると、「ゲイの巣窟」という表現がテレビで見られました。「巣窟」とは「悪党のすみか。悪人のかくれが」を意味します。同性愛者に対して悪意のある表現だと感じます。そういった自身の経験上、同性愛者とは低劣な性的興味の対象、あるいは嘲笑いの対象としてしか認知していない人が、まだ多くいるように思います。日本では、性的指向に基づく差別の解消に向けた措置が、不十分であるとも思います。このため、私は日常の多くの場面で本来の自分を表現することを控えざるを得ず、息苦しい思いをしています。本来の自分を表現するといっても、特別なことではありません。非当事者にとっては意識さえしないような日常の中に、性的指向にまつわるものがありふれています。職場の食事会などでも、個人の恋愛事情や、配偶者・子どものことなどは、ごく普通に話題に上ります。私にとって、こういった日常会話でも大いにストレスとなり得ます。（大阪府・40代）

✴家族として幸せに暮らしたい、という願い

男と女が愛し合い、結婚し、子育てするのが、当たり前の社会で育ってきました。一時期は、なんとか、女性を好きになろうと努力しましたが、無理でした。

好きになるという感情は、理屈ではなくて、心の底から気持ちとして出てくるものだと思います。それを「努力」で、別の形を作ることはできませんでした。

周囲には、男性どうしで同居し、過ごしている人たちがいます。確かに子どもを作ることはできませんが、その男どうしのふたりが、「家族として幸せに暮らしたい」という願いを持つことは、不自然なことでしょうか？　私たち性的少数者には、幸せになる権利はないということなのでしょうか？「認められない」存在から、法的にも、社会的にも「認められる」存在へ。（神奈川県・40代）

3 パートナーと家族・周囲との関係

家族との関係

自分のセクシュアリティや自分のパートナーを家族に認めてもらえるか。これは自分のアイデンティティに関わる重要な問題です。異性カップルの場合、好きな人ができたことやパートナーができたことを家族に報告すれば家族から祝福を受けるのがほとんどでしょう。しかし、同性カップルの場合、大きく事情が異なります。一番認めてほしい家族に拒絶されるケースも珍しくありません。また拒絶されることをおそれ、家族にだけは打ち明けられないという人も多くいます。親に受け入れられないで悩む人もいれば、受け入れてもらえるか悩み抜いた後に親から受け入れられた人もいます。

＊母から「娘ではない」と言われて

26になり結婚したいと思えるパートナーに出会い、初めて同性愛者であることを親に打ち明けました。父はなんとか理解を示そうとはしてくれましたが、母は「もう私の娘ではない」と受け入れられませんでした。（愛知県・20代）

✷ 結婚していないので不安定な関係？

親との関係においては、兄夫妻のことは家族だと認めているのに、私と恋人のことは「いつか別れるかもしれない不安定な関係、なぜならば結婚しているわけじゃないから」として扱われているようです。（東京都・30代）

✷ 実家に帰ると息苦しい

両親にはカムアウト済みですが、同性愛者に対する法整備が進んでいない、まだまだ社会的に偏見があることを受け、親を苦しめてしまうのではないかと考えてしまい、同性を好きになる自分が嫌になることがある。また、父親が非常に保守的な考え方を持っており、テレビでLGBTが出演している番組を見ていると、「同性愛者は気持ちが悪い。オカマは出てくるな」と言った発言をするため、実家に帰ると息苦しく思うことが多々ある。（沖縄県・30代）

✷ 本心ではパートナーとの関係を受け入れていない親

両親に自分がレズビアンであること、自分に付き合っている同性のパートナーがいることを（電話ではありましたが）、カミングアウトしました。

そのときは、「わかった」とは言っていましたが、現在の両親の言動を見ていると、必ずしも私たちを肯定しているとは思えません。

私の両親は、私のセクシュアリティに対して、いままで否定的な言動や差別的な言動はしたことはありません。しかしながら、ことあるごとに、私がレズビアンであることを受け入れていないような言動をします。たとえば、私がパートナーと一緒に実家に帰ったとしても、私の両親は、私のパートナーを「私の特別な人」と理解しておらず、パートナーだけ、実家に泊まらないようにと言います。パートナーだけ、実家の近くのホテルに泊まるように指示するのです。私は「もし私が異性愛者で、異性と結婚していたとしても、両親はこんな指示をするのだろうか」と思うことがあります。きっと「娘のダンナが来た」ということで、父が母の実家でそう扱われていたように、丁重に「婿」として扱うのではないかと想像するのです。おそらく私のパートナーを実家に泊まらせたくないというのは、私がパートナーと同じ部屋で寝起きをするということに、拒否感を持っているのかもしれません。この態度は私とパートナーとの関係を認めているとは残念ながら思えません。それなのに両親は私たちのことを「（私の親戚の前では）（カップルとして）堂々と振る舞っていなさい」と言います。両親にすら受け入れられていると思えないのに、あまり親しくもない親戚の前で堂々とできるわけがありません。（東京都・40代）

✷ 私の背中を押してくれる家族

自分のありのままを母に話すまで、私はとても大事なものを犠牲にしてきました。それは他の何でもない自分自身でした。自分自身に嘘をつき、人生に対しても嘘をつき、苦しくてどうやって生きていったらいいのかさえもわかりませんでした。

ですが、いまは時代が確実に変わっていっていることをひしひしと感じています。

私は最近まで自分は家族をつくれないのだと諦めていました。

自分は幸せになれないかもしれない、変えられることは何もないんだ、これがこの国での生き方なんだと。この国の片隅で私は以前こんなことを思っていました。

だけどそれは違う。そうですよね。この国での生き方も自分の生き方も変えていけるんだ。変えていくものなんだ。考え方や見方にもルールはない。

そして、いま私の背中を押し続けてくれているのはかけがえのない家族です。

母は私に言いました。「つらい思いをして生きるよりあなたが自分の居場所を見つけて本当に愛する人と生きていってくれることがお母さんの幸せよ」

私にとってパートナーと生きていることはどんなものにもかえがたい幸福です。（福岡県・20代）

✷家族の根幹に関わる問題

妻の出身国である日本で配偶者として住み、法的な保護・権利が与えられ、将来子どもができた際に、親としての親権を日本政府に認めてもらいたいと考えております。妻の家族は日本にいます。日本で結婚している関係として法的に認められることは、私たち家族の根幹に関する要件です。（ベネッサ・ディフェンド　東京都・30代）

パートナーの家族との関係

家族になるということはパートナーとの一対一関係にとどまるものではありません。パートナーができれば、パートナーの家族からも受け入れられたいと思うのは自然な気持ちです。しかし、そこにも壁を感じる局面があります。まずはパートナーの親、兄弟姉妹が受け入れるか、そして、親戚付き合いができるか。自分は家族の輪に入ることができるのか、緊張感が生まれます。

✴ 彼の母親を説得したい

私は彼の母親にも会って挨拶をしました。ただ、彼の母親は「親戚には二人の関係を話さないでほしいし、父親にも伝えないでほしい」「二人で楽しく暮らしているのであればそれでよいでしょう。こちらの人間関係をかき乱すようなことはしないでほしい」と話していました。

私としては、彼の親戚にも会いたいし、家族どうしのお付き合いをしていきたいので、まずは彼の母親を説得したいと思っています。（七﨑良輔　東京都・20代）

✴ 親の反対で彼女の妹の結婚式に呼ばれなかった

彼女の妹の結婚式があった。私と彼女の妹は仲が良かった。カミングアウト後も理解があり、恋人と喧嘩したときなどは悩みを聞いてくれたし、応援してくれていた。

しかし、結婚式には呼ばれなかった。

「本当は結婚式に来てほしい。でも、自分の親と相手の親がダメだって。ごめんなさい」私を置いていくことに罪悪感いっぱいの恋人を「大丈夫だから、行ってらっしゃい。おめでとうと伝えてね」と結婚式場の前まで送り、しばらく芝公園で時間を潰した。（宇佐美翔子　青森県・40代）

学校、職場、友人など周囲に打ち明けられない、紹介できない

同性どうしの恋愛やカップルになること（パートナーシップ）が「社会に承認されていない」と感じている当事者はとても多くいます。そのため、大好きな恋人ができても、他者からおかしな目で見られたり、気持ち悪いと思われたり、嘲笑われたりするのではないか……と不安になって、パートナーと堂々と生活できずに生きづらさを抱えることになります。周囲の大切な人にも認められないだろうという諦めを抱き、大切な家族や、友人、職場の人に、同性のパートナーがいることを知らせることができず、カップルであることを隠して生きざるを得ないと感じる人が多くいます。

そうすると、同性のパートナーとの関係は、二人だけの孤独で閉じられた関係になってしまいます。このような関係であることは、場合によっては、二人にとってとても窮屈で、不安でつらく悲しいという気持ちを抱かせることになります。社会に認められず、周囲の人にも打ち明けられない、隠さなければならない関係という感覚。このような孤立感・窮屈さに耐えられなくなり、二人の関係が崩れてしまうこともあるのです。

これは、異性カップルにはあまりない苦しみといえるでしょう。異性カップルは、人前で堂々と手をつないだり、仲の良い仕草をしたりということを周囲の目を気にせずできますし、友人や家族に恋人を紹介することも自然にできる人がほとんどでしょう。

カップルであることを隠さなくていいという異性カップルには当たり前なことが同性カップルには難しいのです。異性カップルは社会から祝福されるのに、同性カップルは社会から祝福されない、という疎外感を無意識のうちに抱いてしまうこともあるのです。

✷ 堂々とできない自分がもどかしい

学校、会社でのいわゆる「恋バナ」に合わせるのが大変。「会わせて」「どんな人?」等々、プライベートの話もある程度は避けて通れないので、堂々とできない自分ももどかしいし、パートナーのことをアウティング*するわけにもいかないので困る。(岡山朋　東京都・30代)

＊本人が公開していない性的指向を本人の了解なくして他者に話すこと。

✷ 結婚の話をふられて転職

勤め先で結婚の話をふられるのがつらい。それが原因で何度か転職しました。いまの職場では完全にカムアウトしているので気持ちが楽です。(沖縄県・30代)

✷ へんな誤解を招かないよう用心深く暮らす

偏見もある日本社会では、会社や知人の前で偽りの自分を演じなくてはならないこともいまだにたくさんの場面であります。マンションでも、へんな誤解を招かぬよう気を遣い暮らしています。男女間ならば当たり前にできることの多くが、同性愛者というだけで偏見の目にさらされる日常を変えられたらと願っています。

✷ ゴールのない関係に絶望していた

同性結婚をするためにそれを法的に認めている他の国に行くのではなく、自分たちが好きな日本でそれができるようになればよいと思っております。同性結婚が日本で認められれば、将来的に他の国への移住を考えず日本に永住することを私たちは希望しています。私たちが10代のころは「結婚」は可能な選択肢ではなく、好きな人と交際してもゴールのない関係に絶望していました。私たちがLGBTの現実を直視し当事者として発言、行動することで後に続く若い世代も幸せな人生を送れるように日本での同性婚の法制化実現を私たちは切望しています。（渡辺勇人、ゴードン・ヘイワード　いずれも埼玉県・30代）

✷ 法律婚できることの意味

（同性婚ができるようになれば）二人の生活を築くことがかたいものになると思う。いまは同棲していても、実態としては一人と一人が同じ屋根の下にいるだけだが、婚姻できることで二人が一つとして社会での取扱いをしてもらえると思う。（熊本県・40代）

✷ 法的な保障がないと将来を見通せない

いまの彼氏とは今後も長く付き合っていきたいし、将来的にはともに暮らしたいと考えています。しかし、彼氏との将来の生活を考えようとしても、同性婚ないしは同性パートナーシップが法的な保障を受けない現在の状況では、その将来を見通すことは容易なことではありません。（東京都・30代）

✷ 法が整備されたら社会の意識が変わる

法整備がなされたなら、自分たちの生き方を肯定的にとらえ直すことができ、生活の質も、人生も、これまでと比較にならないほど劇的に好転することでしょう。また、「同性どうしなんて、結婚もできないし、そもそも変わり者扱い」、そういった、当事者の諦め感や人々の認識に対して、法整備が進むことにより可視化が広がり、社会の意識が変化し、成熟していくことを願っています。（河智志乃　千葉県・40代）

✷ 法が整備されたら祝福しあいたい

すでにカミングアウトをしていて私たちを応援してくれている家族、親戚、友人たちへの感謝を伝え、一人前の国民になれたことを祝福しあいたいと思います。（鳩貝啓美　千葉県・40代）

✷ 自分で自分の存在を否定しているようで

社会生活を円滑に過ごすために、関係性を表に出せないことも多い。積極的に隠そうとしているわけではないが、世間からの偏見、仕事上の障害など有象無象の個人レベルでは解消できない問題を発生させないために、あえて言う必要はない、防御のためのやむを得ない生活上の手段であると自分の中で整理はしているものの、自分で自分の存在を否定しているようで、常に自分が半人前の人間であるかのような劣等感を覚えた。

偏見を避けるために社会との接点をときには必要以上に恐れ……どことなく味気のなかった過去の人生は変えることはできませんが、今後の人生はプライドを持って充実したものにしていきたいと思います。（西村英之　東京都・30代）

✷クローゼットの同性愛者が少しでも社会に出やすくなってほしい

同性どうしの恋愛やパートナーというものが認知され、また正しく周囲に理解されることで、当事者が自信を持ち、生活を楽しむことができるようになる。

若年の同性愛者に、将来に希望を持ってほしい。世にでる同性愛者が増え、ロールモデルが増え、気軽に相談できる人が周囲に増える（目に見える）ようになってほしい。公的に認められるということは、そういうことであると思います。同様に、法整備が整って同性の婚姻が公になることで、地方に居住しているクローゼットの同性愛者が少しでも社会に出やすくなるようになってほしいとも思います。（渡邊美和　東京都・30代）

✷大切な相手の存在を隠して生きることのつらさ

男女カップルとお互いを思う気持ちは変わらないのに、同性カップルは結婚式をしたとしても、カミングアウトしている友だち以外からは祝福されない。特に、家族になろうという強い意志があるのにもかかわらず、親が式に参列してくれなかったり、良く思わない発言などをされて、悲しい思いになる。また、兄妹の結婚に対するものとは天と地の差。祖父や祖母には事実を伝えることに抵抗があるため、結婚して安心させてあげることができないのが悔しい。同性婚でも変わらず幸せだという考えをこれから創っていくことができるといい。親族関係や職場に対してごまかしながら生きていくのもかなりのストレスを感じる。大切な相手の存在を隠して生きているということになるし、自分も相手の家族から認められていないと痛感することがある。（愛知県・30代）

✷社会的に認められると精神的に安定する

保障が受けられることはもちろんですが、それ以上に社会的に認められるという精神的な安定が一番大きいと思います。「彼女と結婚している」という事実を気負うことなく口にできる社会を期待します。（岐阜県・20代）

✷異性愛者と同じスタートラインに立ちたい

私のように普段は偽って生きている人間はたくさんいます。それは、まだまだいまの日本では真の姿をさらしては生きづらいからです。私がただ一つ願うこと。異性愛者と同じスタートラインに立つこと。生きていく上での選択肢を増やしてほしいです。いまのままでは将来が不安で仕方ありません。ウエディングドレスを着て、家族・親戚・友人・職場の方々みんなに祝福される。そんな異性愛者が当たり前にしてることを当たり前に出来るようになりたいです！（永井陽子　北海道・30代）

✴ 異性愛者と同じように生きたい

私はただ、異性愛者と同じように生きたい、それ以上の特別なことは何一つ望んでいません。愛する人と安心して幸せな日々を過ごしたい。それだけです。（八幡恵美　北海道・20代）

✴「友情結婚」をする理由

ここ数年で急激にＬＧＢＴに対しての理解が社会に広まってきた印象はありますが、私のまわりにはまだ、親や社会的プレッシャー、子どものことなどを理由に「友情結婚」をしている（しようとしている）ＬＧＢＴ仲間が少なからずいます。同じ理由で友情結婚をしている自身の同性パートナーはまだゲイ男性と友情結婚関係にあり、７年目を迎えます。もし、私たちが子どもを産むことが可能な年代に「フツウ」に同性婚が認められていたならば、ゲイ男性との友情結婚という選択はしなかったと思います。（東京都・40代）

✴ 同性婚を法的に認めることは基本的人権の問題

同性婚が認められるということは、ただ単なるわたし自身の自己顕示欲であるとか個人的な欲望の実現を願うということではない。ＬＧＢＴの社会的認知、つまりその生存を当然のことと認め保障する社会の実現ということにつきる。愛を交わし、生活をともにし、相互に助け分かち合うふたりの間柄が異性婚と平等に扱われること、それはまさに個人の尊厳であり、文化的な生活を営む権利である。ゆえに基本的人権がしっかりと尊重されているということの証しである。また、その存在が法的に認められるということは、多くの悩み続ける同性愛者に勇気を与え、自己肯定感を高めることになる。（京都府・30代）

✴ パートナーの存在を職場に伝えることさえ難しい現実

結婚式や披露宴という儀式に、さして関心がなかったわたしたちですが、それでもこうした「他者にお祝いされるためのカタチ」を実現することすらも、難しいわけです。わたしたちは、同性どうしでパートナーシップを築きたいと思った瞬間から、関係性を認識されないという差別に直面し、説明に費やす心理的負担を抱え、メディアで垂れ流される社会からの偏見や誤解にさらされる。まずは身近な人から、とカミングアウトをしても、理解をうながすためには努力と時間が必要です。

仕事についてもそうでした。わたしは障がいをもつ人の介護士として働いていますが、同性介助である職場だったため、面接時にカミングアウトをしました。緊急連絡先にパートナーの名前を記載するためでもありました。そのとき、面接職員のひとりが言ったのは「身体介助があるから、同性愛者の人に身体を触られるってどうなんでしょうね。気にする人もいるかもしれないから、おおっぴらに言わないほうがいいのでは」というものでした。何気なく発した言葉でしょうし、問題を的確に指摘しているとも思いましたが、「仕事」において、「性的指向」が問題になるという事実。よくよくの心構えと、覚悟と経験を積まないと、パートナーの存在を職場に伝えることさえ難しいという事実。これらに直面するたび、神経を使い、問題や課題に取り組まねばならないのです。（加澤世子　東京都・40代）

✴「世間」のまなざしが変化することを期待する

精神的には、「隠しごとをしている」という気持ちが強くあります。家族については（話したのはきょうだいのうちの一人だけですが）、偶然、両親と同世代の家族の友人に、女性二人でずっと暮らしていた方がいらして（同性パートナーだったかどうかはわかりませんが、片方がお亡くなりになるまでずっと一緒でした）、その経験からか、お互い、それほど違和感なく接しています。カミングアウトしていないのは、私の都合で、両親が高齢であることや、大家族なのできょうだいの配偶者やその親戚まで話が広がることを考えてのことですが、パートナーは圧迫感を感じているようで、申し訳ないと思っています。一方で、過去に自分が関係していた（仕事以外の）いくつかの活動については、説明することが面倒なことが増えたせいもあって、足が遠のきました。カミングアウトできるかどうかで、友人を選ばなければならないことが、その背景にあります。

同性婚に期待することについてですが、設問の例として「あなたにとって、同性パートナーとはどんな存在ですか?」が挙げられていました。では、あなたが10年間一緒に暮らしているお連れ合いがいるとして、「あなたにとって、お連れ合いとはどんな存在ですか」と問われたら、何と答えるでしょうか。答えとして想像できるものはいくつもあると思いますが、私たちの答えもきっと同じようなものでしょう。世間の「きっと何か違いがあるに違いない」というまなざしと、「そんなことはない、ごく普通だ」と、あえて言挙げしなければならないことに、苦痛を感じます。同性婚は、かわいそうな境遇に同情されて与えられるものではなく、人間の権利としてもともと持っているものであるとわたしは考えていますが、それを正面から主張することで「世間」の反発を招くことを恐れている仲間たちの気持ちも同時に感じています。法律的に認められることで、「世間」のまなざしが変化すること、それをわたしは望んでいます。

（東京都・50代）

✴ 周囲に気遣い、言葉を飲み込む

パートナーが同性、性的少数者というだけで、いちいち気をつかったり、もやもやを抱えたりしなくてはいけません。パートナーが年上なので、「お母様」と呼ばれてしまったこともあり、だけど訂正する言葉も飲み込むしかない。周りが気をつかうのではないかと思い、自分の恋バナもしないようにしないように……と思ってしまう。（蓬田裕子　茨城県・30代）

4 理解の少ない地域ゆえの悩み

自分の隣にセクシュアル・マイノリティが暮らしていることを考えたこともないという人は都市圏にも一定数いるでしょうが、人口の少ない地域ではその傾向が顕著となり、セクシュアル・マイノリティに対する偏見や抵抗感がより深刻なことが多いようです。東京、大阪、名古屋、札幌などの都市圏には当事者どうしがつながることができるコミュニティがありますが、人口の少ない地域ではコミュニティがないことも珍しくありません。また、人口の少ない地域には都市圏に比べてセクシュアル・マイノリティに否定的な価値観が強く残っている傾向があります。

そんな地域に住む当事者は、自分が攻撃や排除の対象にならないように、慎重に息をひそめて生活をしています。

✷ 伝統的家族観の枠組みから外れ、孤独を深める

私の住む長崎県では、同性愛者が日常生活の中で可視化されることはほとんどありません。職場では異性愛者が前提の会話がほとんどですが、ときどき、同性愛者、特に男性同性愛者を偏見により嘲笑する会話を耳にします。そのため、当然、本当の自分自身についてまわりに話をすることは一切なく、それどころか、逆に、異性愛者の幸せそうな家族にまつわる話を聞

き、受け入れたはずの自分自身を、いまだに自ら追い詰めてしまいます。

特に地方では、男は結婚し家を建て家庭を持って当たり前といった伝統的な家族観の人が多く、少数派である同性愛者などの性的少数者は、このような枠組みから外れ、孤立や孤独などの問題を抱えてしまいます。（長崎県・40代）

✴仕方なく「友だち」と紹介する

ここは地方山間部なので、常に世間の目を気にしないといけません。
堂々とパートナーといえない場合が多いので、仕方なく「友だち」と紹介します。
ちゃんと、パートナーとして認めてもらえたら、自然なのですが。（岐阜県・40代）

✴噂が広がることへの不安を常に感じる

私が住んでいるところはいわゆる田舎で、人間関係が密なため、噂が広まりやすいところだと思います。さらに、親戚の家も近所に数軒あるため、私がゲイであるとの噂が一度広がってしまえば、私だけではなく両親まで近所・親戚から偏見の目で見られてしまうのではないか、という不安は常に感じています。（鳥取県・40代）

✴「家系に傷がつく」の重圧

私の出身は神奈川県で関東寄りですが、弟が異性結婚する際には「お前は家を継ぐんだから」という言葉を何回も言われていました。これは私にもいえることで、「家系に傷をつけないでほしい」と、これは大人になってから親が言っている言葉です。ますますカムアウトできる状況ではありません。いま私が言ったら「家系に傷が」「まわりの人になんて言ったらいいの」と悲観されること間違いありません。現状、両親は近所付き合いも多く、話す機会もある中で、母は娘（私）の結婚を聞かれて困っていることでしょう。

都会と地方の違いは、この近所付き合いの深さと、家系の価値観の違いが大きいです。親戚の数も遙かに違います。このまま生きていくとこの先、結婚相手がいるのもかかわらず、親にお見合い写真を出されることが予想できます。

都会だけでなく、地方に住んでいるＬＧＢＴの方も、法整備により安心して過ごしてほしいと思います。日本全体が前向きに動くことを期待しています。（渡辺真維　神奈川県・20代）

5 子どもを育てる当事者の悩み

パートナーを得て、パートナーと一緒に子どもを育てたいと切望している当事者も少なくありません。しかし、現在の日本では、結婚していないカップルが里親になったり、特別養子縁組を行ったりすることは容易ではありません。カップルの一人が子どもを産んで一緒に育てているケースもあります。この場合、過去に異性パートナーとの間に子どもを産んだ人が子どもを連れた状態で同性パートナーとカップルになるケースもありますし、同性カップルの一方（あるいは両方）が何らかの方法で出産をするケースもあります。しかし産みの母ではないパートナーには親権がありませんから、子どもを取り巻く社会の中で、子どもの親としての対応がとれないことが多々あります。子どもを産んだ親が万が一亡くなることがあれば、残された親に親権がないために子どもを育て続けることができるのかとの不安を持ち続けています。

✷ 個人の努力を強いられる理不尽

私は以前異性婚をしていたことがあるため、現在のパートナーとの関係は、当時となんら変わらないもののように思えるのに、生活のさまざまな面で不都合があり、とても困っています。

たとえば先日、子どもが急な入院、手術になった際もパートナーは手術のサインも手続きもできませんでした。また、社会的な偏見が大きく、子どもたちに、親が同性パートナー関係なのではなく、親戚であるかのような嘘をつけと言わざるを得ない場面もあり、大変悲しくなります。

子どもたちは、この家庭を基礎に、幼少期から成長してきました。家庭の中では家族であるのに、一旦外に出ると、家族ではなく扱われることに大変消耗し、自尊心を損なわれるとともに、子どもたちにも手本を示すことが難しいと感じます。

法律で認められないということは、個人の努力で補わねばならないことが多く、それだけでも時間や労力を使うのに、さらに子どもの学校や会社などでも、必要以上に気をつかうなどの個人的な努力を怠ることができないと感じ、大きなストレスがかかっています。

わたしたちの暮らしは、人様になんらご迷惑をおかけしていないと思うのに、なぜこのように個人の努力でひたすらに解決しなければならないのでしょうか？（東京都・40代）

✷私たちはごく普通の「共働きふうふ」

子どもは、私たち二人で望み、生まれ落ちた瞬間から二人で迎え、育ててきた「我が子」です。

私たちは「両親」ですが、世間から二人を「対等な親」として扱われることは少ないです。たとえば、三人でいると、「あなたたちはどんな関係なのか」「父親はどこにいるのか」と無遠慮に訊かれることが多くあります。

相手の年齢や偏見の有無を鑑みながら「シングルマザーと、一緒に育ててくれている人です」と答えたり、またあるときは「（パートナーは）おばあちゃん？　若いわね」と言われても否定しなかったりとさまざまです。そういう私たちの反応が、知らず知らずに我が子の心にしこりを生じさせているのではと心配しています。

子どもは、同級生とは違う自分の家庭に対して、幼いながら疑問があるようですが、「ぼくんち、ぱぱいないんだよね。ままと、○○ちゃん（パートナー）がいるの。ぼく、ままと○○ちゃん、だーいすき！」といつも言ってくれます。

ただ、そういう外側から与えられる問題以外は、ごく普通の「共働きふうふ」であり、子どもも順調に成長しています。（青山真侑　東京都・40代）

✷パートナーが死亡した場合、親権を得られるか心配

最も心配しているのが、パートナーが死亡した際に、私が子どもの親権を得られるかわからないこと。万一、生物学上の父親の親族などが主張してきた際には、それに法的に対抗できる保障がないこと。

会社には育児短時間や育児休業の制度があるが、パートナーの子どもに対して法的に養育義務がないため、子どもまたはパートナーを養子としない限り、制度の対象とならない。

（パートナーが産んだ子どもを親として一緒に育てている申立人　大槻弘美　東京都・50代）

MY STORY

「俺は何もしてやれないけれど、話くらいだったらいつでも聞くぜ」告白した彼からの返事がその後の人生を変えた

こうぞうさん（熊本県・1982年生まれ）

自分が同性愛者だと気づいたのはいつか……。「気がついた」という言葉が大事なのです。

なぜか。

自分が同性愛者だとカミングアウトするとよく聞かれる質問の一つに、「いつから同性が好きになったのか？」があります。

自分のまわりに同性愛者がいないと、同性愛者はテレビの中の、あるいは本の中の話でしかないかもしれません。それは仕方のないことかもしれません。

そういう質問を受けたとき、私は「では、あなたはいつから異性が好きになったんですか？」と聞き返します。

逆に考えていただくとすぐにわかると思いますが、いつからそう「なった」かという問い自体がヘンなのです。

「自分は○歳のときから異性が好きだよ」と明確に答える人を見たことがありません。異性愛も同性愛も同じなのです。

もちろん、境遇や環境によって後天的に同性愛に気がつく人もいます。しかし、大半の同性愛者は生まれ持った性的指向により同性を好きになっているのではないかと思います。多くの異性愛者の方が、そうであるように。

ですから、いつから好きに「なった」のではなく、いつから自分が同性愛者だと「気がついた」というのが重要なポイントだと僕は考えます。

異性を好きになることが「普通」と刷り込まれる現在の社会の教育では、自分が人を好きになるという純粋な気持ちも「普通ではないもの」になります。

僕が意識し始めたのは、やはり思春期ぐらいだったように記憶しています。初恋は小学校4年生ぐらいのことでした。

当時、友人にもだれにも、話すことはできなかった初恋です。その子（A君）はスポーツも勉強もでき、女の子たちによくモテていた子でした。

当時は自分が同性愛者だという認識はなく、一種の憧れと頭の中で処理していたような気がします。

A君とはクラスも違い、一緒に遊んだりすることも少なく、いつしか別に気にかかる男の子（B君）ができてしまいました。

友だち数人とよくB君のうちに泊まりがけで遊びに行ったりもしていましたが、まだ当時は明確に同性愛者だという自覚はなかったように思います。

なんとなく気になる、気がつくとA君のことを考えているといった気持ちで、一緒に遊んだり、ちょっかいをかけたりして過ごしていましたが、最後まで気になる存在でした。卒業するときには、A君に「メッセージを卒業文集にちょうだい」と頼みに行きました。そんな自分に違和感はそれほどなかったけれど、身近に同性愛者がいないし、情報が少なかったため、「そのうち女性を好きになるのではないか？」と思い、まわりには自分がその子を気になっていることを話すことはありませんでした。

まわりに言わなかったことで、違和感を覚えることは少なかったけれど、「好きな女性芸能人はだれか」といった話題にはついていけず、答えを選んでおかないといけませんでした。ちょうど広末涼子全盛期のときでしたが、「ともさかりえ」と答えることにしていました。ゲイやおかまの話題がでることもありましたが、あまり自分のこととは思っていませんでした。

その後、それまでのこともあって、頭の中にずっとモヤモヤしたものが残っていたのですが、15歳か16歳のころだったでしょうか。携帯電話にインターネット機能が付いたもの（i mode）が普及しだし、「ゲイ」という言葉を検索してホームページを見つけ……。

そこで、世の中には自分以外にも同性が好きな人が大勢いるということを初めて知りました。はっきり定まらなかったものが見えた、「自分以外にもいる」という形が見えた安心感を覚えました。

この当時はまだ身近な同性愛者の友人がいるわけでもなく、どこか、「自分は同性が好き」ということに後ろめたさを感じていたような気がします。

このころにぼんやり小中学生のころのことを思い出し、あれが自分の初恋だったのかなと考えたりしました。

これが、自分が同性愛者だと気がついたころの話です。

いま思い返すと、フラれてもかまわないので当時、思いの丈を伝えておけばよかったなんて思うこともあります。

「自分以外にもいる」と気づいて、「会いに行ってみよう」「会ってみたい」という気持ちが生まれ、携帯でやりとりした人たちと会うようになりました。当時は写メールなどがなく、文字だけしか相手の情報がありませんでした。初めて会った方はタイプではありませんでしたが、自分以外の人で同じような人に会えたということの喜びがありました。身元がばれるのをおそれて、偽名を使う人がいまよりも多かったのですが、そのとき、うっかり「こうぞうです」と名乗ってしまいましたので、その後も偽名を使うことはなく下の名前を名乗っています。

何人か会う中で、面倒見のいい年上の人に会い、ごはんや遊びに連れていってくれ、仲の良いゲイの友だちも何人かできました。インターネットが普及していて、時代に恵まれました。

けれど、このころはまだ、カミングアウトは身の回りのだれにもしていませんでした。

当時、17歳ぐらいだったでしょうか。

沖縄へ遊びに行くことがあり、山形から彼女に会いに沖縄にきている一人の男の子（C君）に出会いました。

数日の間、その子たちと一緒に遊んで回りすっかり仲良くなって、沖縄を離れる際も連絡先を交換しました。

熊本に帰り、ゲイの友だちと遊んでいるときに、沖縄で出会ったその男の子のことを話し、好きになったと伝えたところ、「告白しろよ！」と囃し立てられたんです。

勢いでカミングアウトすることは、往々にして良くない結果を招くことが多いです。おすすめはしません。

こういうところは若さというか、大人になって考えると浅はかというか。

あまり褒められた行動でないことはいまでは自分も理解しています。

散々悩みましたが、その子のことがずっと頭から離れなかったので、「どうにでもなれ！」と、メールでカミングアウトし、告白したのです。

「C君のことを冗談ぽく好きだと言ってたけどね、実は、本当に好きになっちゃってたんだ」と。

そのメールを送って数日の間彼から返信がなく、やってしまったと失意のどん底に落ちていました。

1週間経たないぐらいだったでしょうか、もう二度と返事がこないと思っていたC君から返事がきたんです。

「お前が好きになった奴がたまたま女を好きだっただけで、俺は何もしてやれないけど、話ぐらいだったらいつでも聞くぜ」と。

いまでも覚えてますが、彼の僕に対するこの返事が、僕がこの後にカミングアウトをして生きていくきっかけになったのは間違いありません。

当時17歳ぐらいだった彼が考えて出してくれた答えがこれだったのです。

そのメールを見て、わんわん泣いた気がします。

きっと大人でも、こんなふうに受け止め、相手のことも考えた答えを出すことは難しいと思います。勉強ができるとかでなく、とても賢い子だったんだと思います。

それから何か吹っ切れ、中学生のころに仲が良かった友だちにもカミングアウトしたり、バイト先でもカミングアウトするようになりました。

結ばれはしなかったものの、好きだった人が、自分でもどこかで認められなかった同性愛というものを真剣に受け止めてくれたことが、とても僕にとって大きかったと思います。

このときの彼からの返信がなかったら、もしかすると僕はいまの僕とは違った自分だったかもしれません。日弁連に対する同性婚人権救済の申立ての申立人として、自ら名前を連ねることもなかったかもしれません。

たった一文の言葉に、当時の僕はすごく励まされ、そして生かされました。このように、自分が人の理解や言葉に救われた経験を元に、自分が自分でいいのだと肯定し、生きていくことができています。

逆に、ささいな言葉や無知からくる無理解により、心を傷つけ、自分を殺して生きている人たちも大勢いると思います。

同性婚がこの国でできるようになれば、それですべて解決するという問題ではありません。それでも、法が変われば教育が変わる、教育が変われば、時間をかけて人の理解は変わります。

同性婚が可能になったとしても自分もそうですが、自分の生活のあり方や相手の考え方や環境（家庭や親戚の理解、社会的立ち位置）により、制度に対して両手を上げてすぐに利用することは難しいと思います。

自分のためでなく人のためだなんて綺麗なことを言うつもりはありません。

自分自身が望むものでもあります。

それでも、もしも生まれたときからこの国で同性婚が可能だったとしたら、これからも必ず生まれ続ける同性愛者の人たちの、何か、希望になるのではないでしょうか。

そして、生まれたときから同性婚ができたのならば、もしかしたら違う人生を生きていたかもと考える同性愛者当事者も多くいるのではないかと思います。

自分が生きている間に、すぐに解決する問題ではないと思います。

それでも、自分の過去も振り返りながら、その思いや希望を未来へとつなげていければうれしいです。

PART 2

なぜ、差別や偏見があるのだろう？
「同性愛嫌悪」の根底にあるもの

このパートでは、セクシュアル・マイノリティについての基礎的な知識を解説するとともに、差別や偏見が生じる背景や原因について考えます。

1 同性愛ってなんだろう？

同性愛、異性愛、両性愛

自分と同じ性別の人を好きになること（性的な興味、関心、魅力などを同性の人に対して感じること）を同性愛（ホモセクシュアリティ homosexuality）といいます。これに対して、自分と異なる性別の人を好きになることを異性愛（ヘテロセクシュアリティ heterosexuality）、好きになるのが自分と同じ性別の人であることもあれば異なる性別の人であることもあるということを両性愛（バイセクシュアリティ bisexuality）といいます。レズビアン（女性同性愛者）は、好きになる相手が女性である女性、ゲイ（男性同性愛者）は、好きになる相手が男性である男性、バイセクシュアル（両性愛者）は、好きになる相手が女性ということも男性ということもある人です。

人口としては、同性愛の人たちや両性愛の人たちよりも、異性愛の人たちが多いといわれています。そのため、同性愛の人たちや両性愛の人たちは、トランスジェンダー（生物学的性別と自認する性別に不一致があるなど、出生時に割り当てられた性別に対して違和感があり、出生時に割り当てられた性別とは異なる性を生きる人、生きることを望む人一般を指す）の人たちや、その中の性同一性障害（体の性別と心の性別が一致しないことにより社会生活に支障のある状態についての医学的な診断名）の人たち（トランスジェンダーがすべて性同一性障害者というわけではありません）とともに、「セクシュアル・マイノリティ」（性的少数者）と呼ばれたり、「ＬＧＢＴ」（レズビアン lesbian、ゲイ gay、バイセクシュアル bisexual、トランスジェンダー transgender の頭文字をとったもの）と呼ばれたりすることがあります。

なお、「レズ」「ホモ」「オカマ」「オナベ」「オネエ」という言葉は、その人たちを傷つけることも多い差別的な言い方です。

トランスジェンダー（性同一性障害者を含む）との違い

「性のあり方」（セクシュアリティ）には、生まれたときの体の性別（生物学的性別、sex）、体の性別とは関係なく、自分が自分のことを女性だと思っているのか、男性だと思っているのか、あるいは両方である、またはどちらでもないなどと思っているのかということ（性自認、gender identity）、性的な興味、関心、魅力などを感じるのが、異性なのか、同性なのか、それとも異性と同性の両方なのか、あるいはだれでもないのかということ（性的指向、sexual orientation）などがあります。

同性愛とトランスジェンダーの人（性同一性障害者を含む）は混同されがちですが、同性愛や両性愛は、どんな人を好きになるかという性的指向の場面で使う言葉であるのに対し、トランスジェンダー（性同一性障害者を含む）は、自分が自分の性別をどう思っているかという性自認の場面で使う言葉です。トランスジェンダーの人（性同一性障害者を含む）は、出生時に割り当てられた性別に違和感を持っていますが、恋愛対象は人によって異性の場合もあれば、同性の場合もあります。これに対して、多くの同性愛者は、自分の性別への違和感はありません。たとえば、多くの男性同性愛者にとって自分の性別はあくまで「男性」であり、男性であることに違和感はありません。

「自分自身の性別をどうとらえるか」と「好きになる相手が男性か、女性か、両方か」とは別の問題なのです。

だれを好きになるかはまわりが決めることではない

好きになるのが異性か同性かそれともその両方かといったこと（性的指向）は、自分で容易に変えられるものではありません。異性愛の人が、「異性を好きになろう！」と決めて好きになっているのではないように、同性愛の人もまた、同性を好きになることを選択しているわけではなく、自然に好きになる人が同性であるというだけなのです。

人がだれかを好きになると、毎日が楽しく感じられたり、生きていることがうれしく感じられたり、自分はひとりではないと安心に思ったりします。このように、人を好きになるということは、その人にとってとても大切なことで、その人がその人らしく生きることと深くつながっています。もしあなたがAさんを好きな場合に、「Aさんを好きになるのは変だ、おかしなことだ、普通じゃない」と言われたら、どんな気持ちがするでしょうか。どんな人を好きになるかは、まわりの人が決めることではありません。好きになる相手が異性でなければならないということはないのです。

あなたのまわりにはいない？

日本では、残念ながら、同性愛や両性愛に対する根強い差別や偏見があります。「私は差別したことはないし、偏見も持っていない」と思う人でも、同性愛を笑いのネタにするテレビ番組を特に問題視することなく見たり、異性愛であることを前提とした会話（男性に対して「彼女はいるの？」と聞くなど）をしたりしたことはないでしょうか。日本社会には、「こうあるべき」という価値観を無意識にまわりの人に押しつけるような風潮があり、そのことに大半の人が気づいていないということ自体が深刻な問題です。

同性愛や両性愛の人は、自分も笑いのネタや差別・偏見の対象となるかもしれないとの恐れや、家族や友人が悲しむのではないかとの思いから、自分の性的指向をまわりに話すことがとても難しい状況に置かれています。実際、セクシュアル・マイノリティである若い人たちの約7割がいじめや暴力を受けたことがあり、そのうち約3割が自殺を考えたことがあるという調査結果もあります（「いのちリスペクト。ホワイトリボン・キャンペーン」が2013年10～12月に行った学校生活実態調査、パート2の3節にも詳述）。もしあなたが、「私のまわりには同性愛や両性愛の人はいない」と思う場合には、「いない」のではなく、「話しても大丈夫かがわからないから話せない」と思っている同性愛や両性愛の人たちがまわりにいるかもしれないと考えてみてください。

だれもが自分らしく生きるために

国は、「性的指向を理由として困難な状況に置かれている場合や性同一性障害などを有する人々については、人権尊重の観点から配慮が必要である」としています（２０１５年「第四次男女共同参画基本計画」）。また、世界でも、性的指向（だれを好きになるか）と性自認を理由とする人権侵害が大きな問題であるとする決議がされています（２０１１年国連人権理事会）。

セクシュアル・マイノリティへの差別や偏見の問題は、「こう生きなければならない」と直接的または間接的に本来の自分とは異なる生き方を強要されていると感じているすべての人たちに共通の問題でもあります。セクシュアル・マイノリティの人権をきちんと尊重する社会は、ある人がその人らしく生きること（他人が自分と異なる生き方をすること）を尊重する社会でもあるのです。

2 なぜ、同性愛になるのだろう?

性的指向は人それぞれ

前述したように、人の性のあり方は多様であり、性愛の対象について、性的意識が異性に向かう人もいれば同性に向かう人もいます。異性・同性の双方に向かう人もいます。

そういった恋愛や性愛といった親密さの感情や欲望の向かう方向のことを、性的指向(sexual orientation)といいます。この性的指向という概念は、単なる好みやこだわりといった「嗜好(preference)」ではなく、価値中立的、すなわち、同性愛、異性愛いずれにも優劣を認めない「指向(orientation)」である点が重要です。

同性愛や両性愛の人たちが同性と結婚しようとするとき、同性婚の可否が問題となります。

「自然にそうなった」が当事者の感覚

同性愛は、少数者であるため、ときにしてその「原因」が関心の対象になることもあります。

よくいわれるのが、同性愛は、遺伝子や脳の構造といった先天的な生物学的要因でなるのか、それとも後天的な環境などが影響しているのか、といったことです。
自身も同性愛者であると公言している生物学者のサイモン・ルベイは前者の立場であり、同性愛の生物学的原因を探究しています[*1]。

他方で、後者に近い社会学的な研究もあります。性的指向のあり方も含め「性」は生まれつき定まったものではなく、社会的・文化的につくりあげられるという考え方もあります。

また、先天性説と後天性説の折衷的な考え方もあります。たとえば、山極寿一《やまぎわじゅいち》京都大学総長ら霊長類研究者によれば、ヒトだけでなく、ゴリラ等の他の霊長類でも継続的な同性愛関係は多数報告されています。山極氏は、霊長類の研究を通して、人間には同性愛行動を起こしやすい性質が進化の遺産として受け継がれているとの説を提示しています。

このように、原因についてはいくつかの研究がありますが、アメリカ精神医学会は、「性的指向や同性愛の原因は解明されていない」との見解を示しています。少し引用すると「さまざまな研究によって、遺伝的要因と非遺伝的要因の双方の関与が示唆されているが、同性に性的魅力を感じるか異性に感じるかはいくつかの因子によって決定されている可能性がある。すなわち、遺伝的因子が原因となっている人もいれば環境因子が原因である人もあり、さらに遺伝的因子と環境因子の双方が複合している人もいる。大部分の専門家は、性的指向は、ほとんどの場合、人の生涯の早い時期あるいは出生前に決定され選択によるものではないと考えている」。しかし、最後に強調しているのは、「いかなるものであれ、特定の育児スタイルが同性愛の原因になることが示されたことはない」ということです。つまり、親の育て方が同性愛の原因になるわけではない、というわけです[*2]。

結局のところ、同性愛の「原因」はわかっていません。にもかかわらず、当事者にとって、「自然にそうなった」という感覚は広く見られるところです。生物学者である柴谷篤弘《しばたにあつひろ》元京都精華大学総長も、同性愛は生得的なもので、当事者によって容易に変更にできるものではない旨を述べています。[*3]

ゲイであることを公にしている前・在大阪神戸米国総領事のパトリック・ジョセフ・リネハン氏も、次のように語っています。[*4]

私は一卵性双生児です。兄のジェームズは私より6分早く生まれました。一卵性双生児ほど、2人の人間がそっくりに生まれてくることはないでしょう。また、同じ環境で、2人の人間がこれほど同じように育てられることもないでしょう。私たちは同じ学校、同じ大学、さらには同じ大学院にまで通いました。(中略) 60歳になったいまでも、まだ人から間違われるほど外見が似ています。

(そんな生物学的にも、社会環境的にも似通った兄弟であるにもかかわらず、) それでも、一つの点、

---

*1　サイモン・ルベイ著、伏見憲明監修『クィア・サイエンス――同性愛をめぐる科学言説の変遷』勁草書房、2002年。
*2　http://www.psychiatry.org/File%20Library/Mental%20Illness/Lets%20Talk%20Facts/APA_Sexual-Orientation.pdf
*3　柴谷篤弘『比較サベツ論』明石書店、1998年、206頁。
*4　パトリック・ジョセフ・リネハン、エマーソン・カネグスケ『夫夫円満』東洋経済新報社、32頁。

唯一その点だけで私たちは異なります。記憶がたどれる最初のころから、私はいつも男の子を好きになりました。（中略）そして同じように幼いころから、ジミーはいつも女の子を好きになりました。（中略）私たちのどちらも、「なぜ」なのかはわかりません。ただ、そうだったのです。「なぜ」と問うことに意味も答えもありませんでした。ごく自然に、私たちはそうなったのです。

リネハン氏の述懐が示唆しているように、原因を探る議論より大切なのは、現に同性に惹かれ、愛し合う者たちがこの社会に生きているという事実ではないでしょうか。

そもそも私たちはなぜ異性愛になるのかなど考えたことはありません。異性愛の原因は探ろうともせず当然視され、他方で同性愛だけが原因が問題視されるということ自体が、実は、この社会が、異性愛中心に作られているというバイアスを示すものかもしれません。

他者との親密な関係は、生存の基盤ともなりうるものです。異性愛者の場合を想起すれば容易にわかることですが、前節でもみたとおり人を好きになったり、愛し、さらに継続的な関係をもつことは、人にとって、生きていく力となり精神的支えともなりえます。つまり、性愛は、人が生きていく上で、社会において他者との親密な関係性を育み、自己の精神的支えともなるという点で、人格の本質とも密接に関連したきわめて大切な要素なのです。

もちろん、他者との深い親密さはときに裏返しの弊害（ドメスティック・バイオレンス等）を生むこともありますが、全体としては他者との親密な関係は、異性愛の場合は大切なものとして扱われ、社会的にも、婚姻制度に象徴されるように、法的な保護の対象に位置づけられています。

性的マイノリティの割合と置かれた状況

同性に性的指向が向く者は少数者（マイノリティ）ですが、どの程度存在しているのでしょうか。厚生労働省の研究班による性的指向の調査によれば、ゲイ・バイセクシュアル男性は、国内の男性の中で3～5％いると推定されています。つまり、学校の1クラスに約1名はいることになります。レズビアン、バイセクシュアル女性についても同程度の数字が報告されています。

こうしたゲイ・レズビアン・バイセクシュアルは、社会において少数者（マイノリティ）であるために、多数者からの差別や偏見にさらされることがあります。

異性愛が当然とされ、同性愛に対し差別・偏見がある社会の中では、同性愛者は、異性愛者としての役割を振る舞わざるをえず、内面に強い心理的葛藤をもたらすことがあります。こうした結果、同性愛者を含む性的マイノリティは、自身のメンタルヘルスを悪化させたり、自殺念慮や自殺未遂の割合が高いことも報告されています。[*5] 2012年8月に改定された政府の「自殺総合対策大綱」においても、同性愛者を含む性的マイノリティの自殺念慮の割合等の高さについて言及されています。

同性愛者を含む性的マイノリティの自殺念慮や自殺未遂の背景には、さまざまな要因があるとは考えられるものの（前掲『自由と正義』論考を参照）、特に、前述のとおり、性愛や親密な関係が

＊5　日本弁護士連合会『自由と正義』2013年10月号所収の「弁護士・弁護士会による自殺対策の展望」。

人格の本質とも密接に関連した大切な要素であって、異性愛社会では、たとえば婚姻が法律で定められているように社会的な制度でもあるがゆえに、同性愛関係は制度からの逸脱であるとして当事者に極度の心理的プレッシャーがかけられることが考えられるでしょう。

パート1でもみたように、当事者にかけられる心理的プレッシャーにはすさまじいものがあります（そのため、中には、自らの性的指向をあえて裏切って異性との婚姻を行う者も少なくありません）。

同性愛を隠すと内面に心理的葛藤を覚えてメンタルヘルスを悪化させ、他方で、同性愛を公言しても、差別・偏見に遭うリスクを負います。すなわち、同性愛に対する不可視化と差別・偏見は表裏一体であり、少数者（マイノリティ）の当事者にとっては生きづらく、声をあげにくい状況が続いてきました。パート3の「同性カップルを取り巻く不利益」では、そうした偏見や差別の状況を具体的に見ていきます。

3 なぜ、差別や偏見が生まれるのだろう？

同性愛はどこか足りない？

２０１０年12月7日、石原慎太郎東京都知事（当時）は、「（同性愛者は）どこかやっぱり足りない感じがする。遺伝とかのせいでしょう」「（米・サンフランシスコを視察した際の感想として）ゲイのパレードを見ましたけど、見てて本当に気の毒だと思った。男のペア、女のペアあるけど、どこかやっぱり足りない感じがする」と発言しました。最近でも、２０１５年11月末に神奈川県海老名市の男性市議会議員（当時71歳）が、ツイッターに「同性愛は異常なのだ」「生物の根底を変える異常動物だということをしっかり考えろ」と投稿するなど、公人による同性愛者に対する差別的発言は、これまでに何度も問題になりました。

また、渋谷区のパートナーシップ条例が議論されていた２０１５年3月当時、保守系政治団体の呼びかけで実施された抗議デモでは、「普通の愛情は男女から発生する」「ＬＧＢＴは社会を乱す」などといった街宣活動が公然と行われました。

このように同性愛（または同性愛者）に対して否定的な感情や価値観を持つことを、同性愛嫌悪（ホモフォビア）といいます。

日本におけるホモフォビアの現状

日本は、西欧諸国のような宗教的イデオロギーが希薄なため、同性愛者に対して寛容な社会であるといわれることがあります。確かに、日本では同性愛や同性間の性交渉を直接禁止する法律はありません。しかし、ソドミー法（同性間の性行為等を処罰する法律）のようなあからさまな処罰法がないことや、セクシュアリティに基づく雇用差別のような社会問題が顕在化していないということは、日本にホモフォビアが存在しないことを意味するものではありません。

異性間での恋愛が唯一の自然で正しい性のあり方であるという考え方を、異性愛主義（ヘテロセクシズム）といいます。現代の日本では、このような異性愛主義が空気のように社会に蔓延《まんえん》しています。

多くの異性愛者は、これまでの人生の中で「自分は異性愛者である」と自覚的に認識した経験はないと思います。恋愛は異性とするのが当たり前という社会で、大多数の人は当たり前のように異性に恋をし、異性のパートナーを作り、相手が異性であることを当然の前提として恋愛の話をします。LGBTというのは海外やテレビの中だけの話であり、自分や自分の身近な人たちとはまったく無関係のものとしてとらえています。

2008年7月から翌年1月にゲイ・バイセクシュアル男性を対象に行われた日高庸晴氏らのインターネット調査*1によると、学校教育での同性愛に関する情報の取扱いについて、「一切習っていない」76・1％、「異常なもの」4・1％、「否定的な情報」10・2％となっており、「肯定的な情報」を教えられた者はわずか６・５％にすぎませんでした。また、Ｉｐｓｏｓ（イプソス）が２０１３年６月に公表した国際的な調査結果によると、「職場の同僚や身近な友人にＬＧＢＴ当事者がいるかどうか」という質問に対して、日本で「はい」と答えた人の割合はたったの５％でした（同様の質問に対し、アメリカでは55％の人が「Ｙｅｓ」と答えたそうです）。さらに、２０１６年６月に発表された釜野さおり氏らの全国調査によると、「男どうし」「女どうし」「男女両方」との恋愛感情について、約４割の人が抵抗感を持っていたとのことです。全体の傾向としては、近所の人、職場の同僚、きょうだい、自分の子どもが同性愛である場合と性別を変えた人の場合の反応は、関係が近いほど、嫌悪感を示す人が多かったとされています。[*2]

同性愛者や両性愛者、またトランスジェンダーなどのセクシュアル・マイノリティの存在は学校教育でも無視され、そんな人はいないと認識している大人たちの中で、多くの人々は成長していきます。このような社会では、ＬＧＢＴはきわめて「異質な存在」とされ、好奇の目にさらされる危険が常に存在します。実際、これまでテレビなどのメディアでは、ＬＧＢＴは嘲笑の対象として扱われることがほとんどでした。存在自体を社会から否定されること、それが日本におけるホモフォビアの現状といえるかもしれません。

＊１　日高庸晴、本間隆之、木村博和「REACH Online2008」(http://www.gay-report.jp/2008/#06)。
＊２　釜野さおり、石田仁、風間孝、吉仲崇、河口和也（２０１６）『性的マイノリティについての意識　２０１５年全国調査報告書』科学研究費助成事業「日本におけるクィア・スタディーズの構築」研究グループ（研究代表者　広島修道大学　河口和也）編（http://alpha.shudo-u.ac.jp/~kawaguch/chousa2015.pdf)。

日本では欧米のような市民運動、裁判闘争があまり盛り上がってこなかったのも、当事者を「存在しないもの」と扱う日本的なホモフォビアが背景にあるように思います。

社会からの圧力と当事者の生きづらさ

2001年に大阪・ミナミのアメリカ村で15〜24歳の男女約2000人を対象に行われたアンケート結果によると、非異性愛者の男性の自殺未遂率は、異性愛者の男性に比べて5・98倍も高かったとされています。[*3][*4]

また、パート2の1節でも紹介しましたが「いのちリスペクト。ホワイトリボン・キャンペーン」が2014年4月29日に公表した「LGBTの学校生活に関する実態調査（2013）結果報告書」[*5]によると、小学校から高校時代の間に、学校の友人や同級生がLGBTについて不快な冗談を言ったり、からかったり、からかったりしたことがあったかどうかという質問に対し、LGBTの当事者及びそうかもしれないと思っている回答者全体の84％は何らかの形でこれらを見聞きした経験があると答えました。また、上記回答者のうち、68％の人が「身体的暴力」「言葉による暴力」「性的な暴力」「無視・仲間はずれ」のいずれかを経験したことがあると回答し、さらに、いじめや暴力を受けた経験のある回答者のうち、32％の人が「自殺を考えた」といい、22％の人が「わざと自分の身体を傷つけた（リストカットなど）」と答えています。このように、子どもたちに対するいじめや暴力が自殺念慮や自傷行為にも少なからず影響を及ぼしている実態が明らかにされました。

この世界には、同性間で性行為をしただけで死刑になる国もあります。我々は、このような国の人たちを「野蛮だ」と他人事のようにいえるでしょうか。

警察庁の自殺統計原票の集計結果によると、２０１４年の日本における自殺者は2万５４２７人でした。これらの人々が自死に追い込まれた本当の理由を知ることはできませんが、前記のアンケート結果を見る限り、一定数のＬＧＢＴ当事者も含まれている可能性があります。仮に自分がＬＧＢＴ当事者であることを理由に自死をされた方が1名でもいるのであれば、それは「ＬＧＢＴ当事者であることを理由に死刑にされた」というのと、いったい何が違うのでしょうか。

なぜ、偏見や差別が生まれるのか

日本においても、一部の宗教団体や宗教的信念を持った活動家による、ＬＧＢＴに対する排斥運動は存在します。また、同性愛を認めると少子化が加速するといった根拠のないデマを信じたり、日本の伝統的な価値観や家族観に反するといった持論を展開する人たちもいます。同性愛は自然界には存在せず、生物として異常なのだという、誤った知識に基づく主張を見聞きすること

＊３　『朝日新聞』２００８年10月29日付朝刊。
＊４　日高庸晴ほか「わが国における都会の若者の自殺未遂経験割合とその関連要因に関する研究」(http://www.health-issue.jp/suicide/index.html#nav07)。
＊５　いのちリスペクト。ホワイトリボン・キャンペーン「ＬＧＢＴの学校生活に関する実態調査（２０１３）結果報告書」(http://endomameta.com/schoolreport.pdf)。

もあります（実際には自然界でも同性カップルは存在します）。しかし、日本ではそのような自分なりの信念や理屈に基づいた「確信的なホモフォビア」よりも、ＬＧＢＴに対する無理解や知識の欠如に由来する「無自覚なホモフォビア」の方が圧倒的に多いように思います。

「男どうし、女どうしでセックスするなんて気持ち悪い」「同性愛者から言い寄られるのは勘弁してほしい」。ホモフォビックな言動の中で最も多く耳にするのは、実はこういった（理屈抜きの）直感的な嫌悪表現なのではないでしょうか。

多くの人は、自分の性的興味・関心と相容れない性行為や、普段意識することのない性的トピックに対して違和感・拒否感を持つ傾向にあります。たとえば、若い人たちからするとお年寄りどうしの性行為は「気持ち悪い」と感じることもあるでしょうし、自分の両親がセックスをしている姿を想像すれば、ほとんどの人は嫌悪感を抱くでしょう。しかし、これらの性行為に拒否感を抱く人であっても、高齢者どうしのカップルや両親が仲良くしている姿を見たときに、必ずしも「気持ち悪い」と感じるわけではありません。なぜなら、多くの異性愛者は、仲の良い男女カップルを見ても、その二人の姿から直ちにセックスを連想することはないからです。

これに対し、少なくない割合の異性愛者は、同性愛や同性カップルの存在を、性行為と結びつけてとらえる傾向にあります。風間孝中京大学教授と河口和也広島修道大学教授は、同性愛者であることの表明とセックスが結びつけられる理由の一つとして、「同性愛者のライフスタイルが想像できない」という点をあげています。[*6]

近年までは異性愛者が日常生活で触れるＬＧＢＴに関する情報は、テレビや雑誌を含め、その多くが性的な側面を強調するような内容でした。コメディ番組ではゲイの男性が「どんな男にも見境なく言い寄り、セックスをしようとする存在」として描かれ、笑いの対象とされました。普通の恋愛をしている同性カップルの姿に触れたことのない異性愛者は、このような偏った情報に影響され、無意識のうちに「同性愛＝同性間のセックス」と考えてしまうようです。

ＬＧＢＴに関する正確な情報が社会で共有されていないことは、この国におけるホモフォビアの重要な要因であるように思います。

社会制度の変革

日本は先進諸外国に比べて同質性圧力が強いといわれてきましたが、「世界価値観調査」によれば、１９９０年以降、日本において同性愛に対する寛容性が急激に上昇しているとの調査結果もあります[*7]。同調査によると、日本における同性愛に対する寛容性は、男性に比べて女性の方が寛容性が高く、また、男女とも若い世代ほど、かつ最近の調査ほど寛容性が高い傾向にあるとされています。

２０１５年3月に渋谷区のパートナーシップ条例が制定されたことを皮切りに、数多くの自治体が性的マイノリティの権利保障に向けた検討を始めています。また、この動きに呼応するかのように、民間企業でもＬＧＢＴの当事者に向けた各種の取り組みが進められるようになりました。

＊6　風間孝、河口和也『同性愛と異性愛』岩波新書、２０１０年。
＊7　石原英樹「日本における同性愛に対する寛容性の拡大」『相関社会科学』22号、２０１２年、23頁。

当事者やその支援者による市民運動が社会制度を変え、その結果、日本社会でもＬＧＢＴという存在に光が当てられつつあります。愛し合う二人の関係は、皆等しく尊いものです。性的指向や性自認、戸籍上の性別などによって、二人の間にある愛情の価値が変わることはありません。同性間でも婚姻ができるようにすることは、すべての人、すべての愛がありのままで素晴らしいのだということを、社会が宣言することでもあります。これは夢物語でもなければ、実現不可能な理想論でもありません。現に、婚姻の平等（同性間での婚姻の承認）を実現した国は、国際社会では確実に増加傾向にあります。

仲間を増やしていこう

これまでに挙げた理由の他にも、同性愛嫌悪にはさまざまな理由が考えられます。

「同性愛」という属性を持った人たちをグループ化して見下すことで、自分がそれらの人々よりも優位な地位にあると思い込もうとする人たちもいます。これは在日外国人に対するヘイトスピーチの構造と同じであり、これらの人々の根源にあるのは、自分の人生に対する不満（周囲の人々からの愛情の欠乏や、社会的評価・承認の欠乏に対する不満）です。危機的状況にある自らの自尊心を維持するために他者を攻撃する人々は、どの年代、どの地域にも必ず一定数は存在します。

どんなに論理的に説明しても、このような人たちには無意味です。しかし、そのことを気にする必要はありません。なぜなら、この国の大多数の市民は、他者に対する理不尽な攻撃に対しては決して賛同しないからです。

２０１５年11月8日、川崎市で行われた右翼団体によるヘイトスピーチに対し、これに反対する市民によるカウンターが実施されました。人種差別的なヘイトデモを企画した右翼団体の何倍もの市民が、デモの現場に集まって差別反対の声を上げたのです。

大切なのは、多数の異性愛者が抱える無自覚なホモフォビアに光を当て、正しい情報を共有し、その間違いに気づいてもらうことです。人は他者との相互作用を通じて、自らとは異なる考えや価値観を持っている他者に対する社会的寛容性を身につけることができるといわれており、自分と異なる者との接触が多いほど社会的寛容性は高まるとされています。[*8] そして、同性愛に対する寛容性は、実際に同性愛者の知り合いがいると高まるといった先行研究もあります。

ホモフォビアに対して明確に「Ｎｏ！」と声を上げるのと同時に、仲間をどんどん増やしていく活動を、これからも続けていきたいと思います。

＊８　小林哲郎・池田謙一「ＰＣによるメール利用が社会的寛容性に及ぼす効果」『社会心理学研究』24巻2号、２００８年、１２０頁。

4 なぜ、差別はいけないんだろう？

憲法や法律から考える

前節では同性愛に対する偏見や差別がどのようにして生まれるのかについて説明してきました。ここでは、「差別」について、法的な観点から整理し、差別がなぜ許されないのかを説明します。

「差別」の法的意味

「差別」を法的な観点から整理していく上で、出発点になるのは、国家の基本法である憲法です。日本国憲法14条1項は、「すべて国民は、法の下に平等であって、人種、信条、性別、社会的身分又は門地により、政治的、経済的又は社会的関係において、差別されない」と定めています。ここにいう差別とは、「取扱いの違い」という程度の意味です。法律の世界では、一般的に差別という言葉は良い意味も悪い意味もないととらえられています。ですので、合理的な差別、不合理な差別というういい方をします。しかし、「差別」という言葉がもつ一般的なイメージとしては、価値中立的なものではなく、不当や不合理という意味合いが含まれています。したがって、この本では、その一般的なイメージに合わせて、「差別」とは不当な区別、不合理な区別をいう意味で使用します。

平等原則と平等権

憲法14条1項は、国（地方公共団体、公的な機関を含みます）に対して、すべての人を法の下に平等に扱うことを求め、差別を許さないという原則を明らかにしています。これを平等原則といいます。そして、憲法14条1項は、平等原則を定めただけではなく、私たちに法的に平等に扱われる権利や差別されない権利、いわゆる平等権を保障していると考えられています。したがって、差別は、平等権という人権を侵害するものですから、許されないということになります。

なお、差別というのは、他人と比べたときに問題となりますので、差別というためには、比較対象が必要になるということです。たとえば、結婚ができるか否かという点で、異性カップルと同性カップルを比較すると、異性カップルは婚姻届さえ役所に提出すれば結婚できます。それに対して、同性カップルの婚姻届は受理されず結婚できません。つまり、異性カップルと同性カップルで異なる取扱いをしているので、この取扱いが不合理なものであれば、差別ということになり許されません。この取扱いは不合理なものであり差別にあたると私たちは考えますが、詳細についてはパート4に譲ります。

人格権侵害に基づく不法行為

ここまで読んで、次のような不満を抱いた人もいるかもしれません。差別は取扱いの違いという問題だけではなく、異性愛を普通とする考えや、同性愛嫌悪に基づくさまざまな嫌がらせや排除もれっきとした差別である、というものです。確かに、同性愛者に向けられたネガティブな感情に基づく攻撃や排除も一般的には差別と呼ばれています。しかし、法の世界では、このような攻撃や排除については、人格権侵害という不法行為の枠組みで考えます。不法行為によって損害を被った被害者は、加害者に対して、その損害の回復（お金で賠償するのが原則です）などを求めることができます。

このように差別を人格権侵害であると訴えることは、損害の回復などを求めることです。他方、平等権侵害を訴えるということは、差別の是正を求めることですので、目的に違いがあります。もっとも、差別を受けた被害者の救済という意味では根っこは同じです。

そもそも人格権とはなんでしょうか？　法の世界でも必ずしもその定義がきっちり定まっているとはいませんが、個々人が生きていく上で必要不可欠な人格に関する利益の総称をいいます。たとえば、民法７１０条は、「他人の身体、自由若しくは名誉を侵害した場合又は他人の財産権を侵害した場合のいずれであるかを問わず、前条の規定により損害賠償の責任を負う者は、財産以外の損害に対しても、その賠償をしなければならない」と書いていますが、この身体、自由、名誉は人格権としての例示にあたります。他にも、生命、プライバシー、信用なども人格権に含まれると考えられています。

人格権という言葉自体は、日本国憲法にも民法にも明確に書かれているわけではありません。しかし、現在において、人格権というものが認められています。その根拠は、憲法13条とする考えが有力です。憲法13条には「すべて国民は、個人として尊重される。生命、自由及び幸福追求に対する国民の権利については、公共の福祉に反しない限り、立法その他の国政の上で、最大の尊重を必要とする」と書かれています。ここに書かれている個人の尊重と幸福追求権という考えが人格権の根拠となるというのは、人格権の内容を考えると説得的です。

人格権の特徴

人格権の特徴の一つとして、だれに対しても主張できる権利であるということが挙げられます。このような権利のことを絶対権といいます。人格権の侵害に対しては、損害賠償だけではなく、侵害を止める差し止めや、侵害を予防する措置を求めることができます。

絶対権の反対は相対権といいます。たとえば、同性カップルが同性パートナーシップ契約を結び、その中でさまざまな権利や義務を定めたとします。この権利や義務はパートナーに対しては主張することはできますが、第三者に対しては主張することができません。このように契約当事者間でしか主張できない権利を相対権といいます。

人格権の別の特徴として、人格権そのものを他人に譲ることはできません。このような特徴を一身専属といいます。人格権が個人の人格に必要不可欠な利益であることからすると当然といえます。もっとも、人格権の侵害に基づく損害賠償請求権は単にお金の支払を求める権利にすぎないので、他人に譲ることはできます。

人格権の侵害とはどんな場合か

では、人格権の侵害とはどのような事象をいうのでしょうか。たとえば、本人の承諾なしに第三者がセクシュアリティを他人に教えた場合（アウティング）がそれにあたります。人格権の一つであるプライバシーを侵害することになるのです。

自身のセクシュアリティをだれに明らかにするかは本人がじっくり考えて、どうするか決めることで、他人がとやかくいう問題ではありません。アウティングは、人格権の一つであるプライバシーを侵害することは明らかです。

また、同性愛者や両性愛者に対してあからさまな嫌悪感を示すような発言をすることは、本人の誇りを傷つけることになるので、侮辱として人格権侵害にあたります。このように、同性愛嫌悪に基づく攻撃や排除は、人格権侵害として違法であり許されません。

以上、簡単にではありますが、「差別」について法的な観点から整理しました。異性愛者と異なる取扱いをすることは平等権侵害であり、他方、同性愛嫌悪に基づく攻撃や排除は人格権侵害となります。平等権も人格権もともに憲法上保障されている人権です。このような重要な権利を侵害するものであるから「差別」は許されません。

COLUMN

偏見を助長した精神医学

なぜ、同性愛に対して差別や偏見があるのかを考える上で、精神医学が果たした役割についても見過ごすことはできません。今ではあり得ない話かもしれませんが、決して遠くない過去に、現実にあったエピソードを一つ紹介しましょう。

現在50代のKさんは、大阪の高校で教師をしており、「堂山教師」という全国のゲイの教員の交流グループを作っています。ゲイの友人も多く、とても社交的な方です。海外旅行が好きで、海外のパレードにも何度も参加しています。

そんなKさんも、10代のころはゲイとしての知り合いもなく、学校で同性愛について教えられることもなかったため、異性と結婚をして家族を持たなくてはいけないと思っていました。

そこで、「同性愛が治るかもしれない。いや、治さなくては」と考えたのです。

Kさんは、1980年代、大学進学も決まった高校3年生の終わり、大阪大学附属病院の精神科を受診しました。そこの精神科医は、Kさんの訴えを聞いて、次のように言いました。

「治したいなら、男と付き合ったり、性的接触を持ってはいけない。もししたら、はまってしまう。抜け出せなくなる」。そして、諭すようにKさんに言いました。「約束しようね」。

まずは、オナニーのイメージトレーニングです。精神科医は、「女で無理なら宝塚歌劇の男役でオナニーするように」と指導しました。

Kさんは、精神科医から紹介されたカウンセラーのところで、行動療法を続けました。イメージトレーニングで、一番好きなものを女と、一番嫌いなものを男と関連づけて、目をつぶってイメージすることを続けるのです。「女は温泉、男はドブネズミ」とイメージしました。

カウンセリングは週1回通いましたが、その費用は15分で5000円と、まだ10代のKさんには高額でした。それでも継続して通いましたが、半年が経っても、一向に男性が好きという感情には変化はありません。

「治療」の効果がいまひとつという中で、カウンセラーからは、「電気ショック療法もあるよ」と言われました。これは、イメージトレーニングの延長で、同性の裸の写真をクライエントに見せて、その後に電気ショックを与えるという、嫌悪療法の一種です。

さすがに怖かったのと、高額だったので、Kさんは電気ショック療法までは受けませんでした。

時期が空いて、また別のカウンセラーにも通いました。「女性とセックスができないのであれば、相手を女性ではなく、男性が入っているダッチワイフとして思ってやりなさい」とのアドバイスももらいました。

カウンセラーからは、オナニー日記を付けるようにも言われました。女性をイメージしてオナニーができるのかが一番の訓練でしたので、オナニーをするたびに、その快感度を「1」から「5」の5段階評価で記録して報告することが課されました。女性をイメージしても、「1」や「2」が続く毎日でした。木や石を見て行為する方がまだ気楽だったと言います。

Kさんはこうした「治療」を10年近くも続け、何とか自分の性的指向を「治そう」と試みます。20代で、知人の紹介でパーティに行き、そこで知り合った彼女と2年半付き合って、結婚しましたが、その関係は上手くいかず、破局に至ります。

それ以降、Kさんは自分を見つめ直し、自分の中の同性愛をそのまま受け入れることになります。

Kさんからこのエピソードを聴いたとき、筆者の脳裏に浮かんだのは、精神医学の罪深さということでした。

かつて精神医学は、同性愛を「障害」として扱い、「スティグマ（烙印）」を与え、「治療」という名の暴力を振るってきました。アメリカ精神医学会は、1973年に、DSM（精神疾患の診断マニュアル）から同性愛を削除しますが、そうした見直しがされたのは、日本ではさらに遅れてのことです（日本精神神経学会の1995年の発表。こうした精神医学界における同性愛の位置づけの変遷は針間克己・平田俊明編著『セクシュアル・マイノリティへの心理的支援』岩崎学術出版社所収の平田俊明「精神医学と同性愛」が詳しいです。DSMからの同性愛の削除の後、米国精神医学会は、同性愛者に対する差別を解消することと同性愛者の権利を保障することをうたった公式声明を発表しています)。

「ありのままの自分でよい」といったメッセージは、最近になってこそあふれていますが、10代、20代のKさんに「そのままの自分でいいんだよ」と言ってあげる大人が少しでもいれば、どんなによかったことでしょう。いえ、いまでもこうした葛藤の中で苦しんでいる人たちはまだいるのかもしれません。

Kさんを「治療」しようとした精神科医やカウンセラーたちは、いま、どこで何をしているのでしょうか。

PART 3

同性カップルを取り巻く不利益

かくも不平等な法律、制度、ルール

婚姻することにより、婚姻した人たちはさまざまな権利を有し、同時に義務を負います。では、婚姻ができないことで、どんなときに、どんな不利益があるのでしょうか。この章では具体的な場面ごとに当事者の声をまじえて不利益の数々を取り上げます。

1 パートナーが亡くなったとき

二人で築いた財産なのに受け継げない

異性夫婦同様の生活をしていたとしても、法的には相続の権利がない。そのためパートナーの死後、住居や財産など生活に必要な最低限のものさえ失う可能性がある。異性愛者と変わらずに恋愛をして生涯を共にすることを誓い合った二人でも同性どうしという理由で異性愛者と同じ権利を得られないのはとても悲しいことだし、不平等だと思う。（愛知県・20代）

ふたりの終《つい》の棲家《すみか》として中古住宅を買ったのですが、名義が田中昭全個人になっています。もし田中に不慮の事故などがあった場合、そのパートナーである川田有希にそっくり相続できるようにしたいのです。そのために、同性婚を求めています。互いの両親には公認の上で一緒になっているんですが、過去に親族より差別的な発言があったのもあって、法的な部分でもちゃんと保障されることを望んでいます。（田中昭全　香川県・30代／川田有希　香川県・30代）

同性カップルの中にも、男女のカップルと同じく、共に暮らし、共に生活をしている人々がいます。共に築いた財産があることももちろんあります。

残念ながらパートナーが亡くなったとき、遺産はどのように受け継がれるのでしょうか。

遺言があれば遺言が優先されますが、遺言がない場合には、法定相続人（民法が定める相続人のこと）が遺産を受け継ぎます。配偶者は常に法定相続人です（民法890条）。

配偶者の法定相続分（民法が定める、遺産に対する各相続人の持分割合のこと）は、他に法定相続人がいるかによって異なります。子がいれば子も法定相続人になり（民法887条1項）、法定相続分は、配偶者が2分の1、子が2分の1です（民法900条1号）。子が二人いれば、子一人あたり4分の1ずつになります（民法900条4号）。なお、子が相続開始以前に亡くなっている場合には孫、孫も亡くなっている場合にはひ孫というように後の代の人が法定相続人になります（民法887条）。

子など民法887条が定める相続人がいない場合には、直系尊属が法定相続人になります（民法889条1項1号）。「直系」とは血統が直上、直下する形でつながる関係のことで、「尊属」とは自分より前の世代のことです。直系尊属とは、具体的には、親、祖父母、曾祖父母などのことです。直系尊属の中でも近い代の人が法定相続人になりますから（民法889条1項1号ただし書）、親が生きていれば親が法定相続人になります。法定相続分は、配偶者が3分の2、直系尊属が3分の1です（民法900条2号）。

親、祖父母、曾祖父母など直系尊属が皆亡くなっていれば、兄弟姉妹が法定相続人になります（民法889条1項2号）。法定相続分は、配偶者が4分の3、兄弟姉妹が4分の1です（民法900条3号）。そして、兄弟姉妹がいても亡くなっている場合に兄弟姉妹の子は法定相続人になりますが、兄弟姉妹の子も亡くなっている場合に兄弟姉妹の孫は法定相続人にはなりません（民法889条2項）。

このように、婚姻している場合には、遺言がなくても、パートナーには2分の1以上の相続分があります。つまり、遺産がある場合に、遺言がないから何も受け継げないということにはならないのです。しかし、同性カップルは婚姻できないので配偶者となることができません。どんなに長く一緒に暮らしていたとしても、遺言がなければ、死亡したパートナーの財産を配偶者として受け継ぐことはできないのです。

◇遺言を残していても万全ではない

「遺言があればもらえるのだから、遺言さえ残しておけばいい」と思われる方もいるかもしれません。しかし、遺言の仕方は、民法で厳しく定められています。公証役場で作るのではなく自分で書く場合には、すべての文、日付、氏名をパソコンで打つなどせず自分で書き、ハンコを押さなくてはなりません（民法968条1項。なお法改正の可能性がありますので、ご注意ください）。遺言を残していても、決められた作り方で作っておらず、せっかくの遺言が無効ということもありえます。また、亡くなったパートナーの相続人が、二人の関係を認めていなかった場合や知らなかった場合は特に、「財産を同性パートナーが受け継ぐのはおかしい」と反発して、遺言の有効性を争うことも考えられます。公証役場で遺言を作れば、作り方の間違いはまずありませんが、お金がかかります。財産の額や遺言の内容によりますが、たとえば財産の額が100万円以下であっても、最低でも1万6000円程度は必要です（日本公証人連合会「手数料（公正証書作成等に要する費用）」http://www.koshonin.gr.jp/hi.html）。遺言をしておけばいいといっても、簡単なことではないのです。

また、遺留分《いりゅうぶん》（民法1028条から1044条）という問題もあります。遺留分というのは、一定の相続人が確保できる相続財産の割合のことです。遺留分減殺《げんさい》請求権を行使されてしまうと、いくら遺言で同性パートナーに全財産を受け継がせることにしていても、遺留分の部分は相続人のものになってしまうのです。兄弟姉妹とその子を除き、法定相続人には遺留分があります。たとえば、亡くなった同性パートナーには子や孫などはおらず、母親も亡くなっていたが、父親が健在だったという場合には、その父親の遺留分は3分の1です。配偶者がいる場合でも遺留分はありますが、その割合が違います。もし同性パートナーが婚姻することができ配偶者になることができるなら、その場合、父親の遺留分は6分の1ですみます。配偶者である場合とない場合で、2倍もの違いがあります。なお、遺留分についても法改正の可能性があります。ご注意ください。

◇税金にも違いがある

さらに、税金の点でも違いがあります。一番大きなものは、配偶者の税額軽減措置です。男女のカップルであれば、婚姻している場合には、配偶者の税額軽減措置を受けられます。具体的には、配偶者が取得した遺産は、1億6000万円、または遺産総額のうち配偶者の法定相続分相当額のいずれか大きい額までは相続税がかからないのです。もし、子どもや孫などがいないだけでなく、父母や祖父母など直系尊属も亡くなっており、兄弟姉妹とその子もいない場合には、配偶者以外には相続人がいませんから、配偶者の法定相続分は100%です。この場合には、遺産総額がいくら多くても、そもそも相続税はかかりません。

同性パートナーの場合はどうでしょうか。まず婚姻できませんので、配偶者の税額軽減措置は使えません。そして、相続税は、基礎控除額を超える額の遺産がある場合にかかります。以下、同性パートナーと養子縁組をしていないという前提で説明しますが、基礎控除額は、2015年1月1日以後に相続が開始する場合、【3000万円＋600万円×法定相続人の人数】となっており、同性パートナーは法定相続人である配偶者になれませんから、同性パートナーがいるからといって基礎控除の額は増えません。そして、相続税がかかる場合には、その税率は配偶者が相続する場合の1・2倍になりますので、高くなってしまいます。他にも、遺産に土地がある場合に小規模宅地の特例の対象になるかや、債務控除（法定相続人でも包括受遺者でもない場合には控除はありません）、未成年者控除、障害者控除、相次相続控除といった控除が受けられるかといった点に違いがあります。

不動産や預金等、ふたりで協力して作り上げてきた財産に対しても、万が一その名義人が亡くなった場合、そこに住む権利が奪われてしまう、という不安があります。遺言等により、住み続けられるよう、財産を遺せるよう手配してはいますが、法的には他人であるため贈与扱いになり、異性間夫婦に比べて手間がかかるばかりか、税制上も不利な扱いになるなどの不公平を感じます。……いざというときの安心すら、個人でカミングアウトをするという努力と負担とともにリスクを負わなければ手に入らない、という現状は、積もり積もって大変な不便に感じられます。（鳩貝啓美　千葉県・40代）

遺族としての社会保障が約束されていない

同性カップルでも、カップルの片方がもう一方を経済的に支えていることがあります。経済的に支えている側が亡くなった場合、遺された人は、パートナーを失った悲しみに加え、生活の不安も負います。男女のカップルであれば、婚姻している場合はもちろん、婚姻していない事実婚のカップルでも、亡くなった人が何の年金の被保険者であったかや加入期間などにもよりますが、要件を満たせば、遺族厚生年金、死亡一時金、寡婦年金などを受けられます（事実婚でも対象となりうることについては、厚生年金保険法3条2項、国民年金法5条7項参照）。また、パートナーが労働者で業務または通勤が原因で亡くなった場合には、労災保険から年金や一時金などを受けられる可能性があります（事実婚でも対象となりうることについては、労働者災害補償保険法11条1項参照）。しかし、同性カップルがこれらの制度を利用できるかは法律上明らかではありません。

婚姻できない同性間の場合にもこれらの制度が利用できるかを考える上で参考になる判例があります。民法は近親婚を禁止していますが、最高裁は、特段の事情がある場合には、近親間のパートナーであっても、遺族厚生年金の受給資格が認められるとしました（最高裁判決平成19年3月8日民集61巻2号518頁）。これは、遺族の生活の安定を目的とする遺族厚生年金の趣旨は、婚姻できない関係でも、安定し継続的な夫婦的共同生活の実態を備えていたといった事情がある場合には、近親婚の禁止といった公益的要請より優先させるべきであるからです。そうであるなら、同性カップルでも、安定し継続的な夫婦的共同生活の実態を備える場合には、遺族厚生年金の受給権が認められる余地があるはずです。ただ、同性パートナーの場合にも、裁判所が同じように考えるかはわかりません。遺族としての社会保障は何も約束されていないのです。

先に亡くなった際に同性パートナーへの遺族年金もありません。国民年金基金に入るなどの努力をしても遺族一時金は支給されません。異性間の夫婦しか前提としていない制度設計であるため、現実に二人で生きているにもかかわらず、常に一人ひとりの単位の高度な自助努力が求められるように感じます。（鳩貝啓美　千葉県・40代）

他にも、法律とは直接は関係ないことですが、葬儀で親族席に座れなかったり、そもそも葬儀に出席することを拒まれてしまったりするという問題もあります。一番大切な人が亡くなっても、十分な別れができないことがあるのです。婚姻できるようになりさえすれば、このような問題が解消されてしまうという単純な話ではありませんが、婚姻できず配偶者になることができないということは、人々の意識にも影響を与えているはずです。

私の両親は、私がレズビアンであることについて、受け入れたくないと思っているきらいがあるので、私が倒れたときに、おそらく、私の両親はパートナーの意見を尊重するということはないと思います。治療方針なども当然のことながら、もしも、私の葬式をしなければならなくなった場合、私はパートナーに喪主に就いてもらいたいと思いますが、両親が葬式の喪主についてパートナーを選ぶことはなく、結局、両親たちが進めてしまうのではないかと思えてなりません。（東京都・40代）

2 事故や病気のとき

彼女が交通事故にあったとき、彼女からの連絡を受け現地に行きましたが、警官とのやりとりの中、彼女との関係性を聞かれ（同棲していましたが）、パートナーだと答えられず「友人です」と答えると「家族でないなら、あなたは話に加わらないでください」という対応をされ、具体的に困ったこともありました。彼女が入院したときにも、まわりから「家族でもないのに毎日面会に来る人」と言われているようで、病院に行くとき、人の目が気になりました。（熊本県・30代）

パートナーの母親は1年近い本当に苦しい闘病生活の末、亡くなりました。闘病中は家族以外入室禁止でしたので彼女の義理のお兄さんは家族としてお姉さんを支えました。

しかし、私は付き添うことも看病することもできませんでした。

私の親が意識不明で緊急搬送されたとき、どうしても物理的に駆けつけることができなかった私に代わってパートナーが救急搬送先に行ってくれました。

まったく容態が判らず不安でいっぱいの中、彼女から電話がありました。

「家族じゃないからって何も教えてくれない。家族が来たら話すからって」

今後、もしパートナーか私のどちらかに同じことが起こったときのことを考えるととても不安です。（東京都・40代）

30歳、一緒に暮らす家で恋人が喘息の発作を起こした。救急車を呼んでほしいと言われ、救急車に乗った。救急隊員に「この方との関係は?」と聞かれ、「親友です」と答えるのが精一杯だった。病院に着き、恋人は救急隊員に連れて行かれた。帰ろうとする救急隊員に状態を聞いたが「血縁者でないと教えられないんですよ」と言い救急隊員はいなくなった。私は受付の前で3時間待ったが、だれも彼女の様子を教えてくれない。受付の人にも聞いたが「血縁者以外には教えられない」と言われた。そのあと、どこからか恋人が私を呼ぶ声がしたので、声のする方にいくと、点滴につながれた彼女が手まねきをしていた。

しかし私は「血縁者じゃないから、入れない」と言ってしまった。彼女が「そんなのいいから」と喘息で苦しいなか言ってくれなかったら、もっと言えば、名前を呼んでくれなかったら、私は彼女がどこにいて、どんな治療をされているのかも知らないままだったし、そのときにもしものことがあっても、私は知らされなかったかもしれないと思うと背筋が凍った。

（宇佐美翔子　青森県・40代）


事故や病気のとき、親族のみにしか面会が許されない場合に面会を求めれば、病院側は二人の関係を聞くはずです。このとき、同性であることから関係を明らかにできないこともあるでしょう。そのような場合だけでなく、きちんと自分たちの関係を説明できた場合も、倒れた本人の意思を確認できない場合には、法的に「親族」ではない同性パートナーの面会を病院が拒むことがあります。本人の意思が確認できる場合でも、病院がとりあってくれないこともあることでしょう。

面会だけでなく、パートナーのケガや病気の状況を知らせることについても、病院や警察官、救急隊員などが消極的な対応をすることは珍しくありません。

連れ添ってきたパートナーが倒れ意識不明になれば、それだけでとても不安になり困惑し狼狽するでしょうが、そのような状況にもかかわらず、さらに、面会をしてパートナーの様子を見ることも、状況について聞くこともできないことがあるのです。

また、延命治療をするのかなど医療行為についての同意の面でも問題があります。医療行為についての同意を本人以外の人ができる法的な根拠はありません。しかし、本人が意識不明の場合、主に親族から同意

を得て治療を行っているのが実情です。治療にはリスクが伴いますので、病院側としては後々のトラブルを避けるために、同意を得ないと治療が進めにくいと考えているのでしょう。同性パートナーの場合は、法的に「親族」ではないので、病院側としては、同性パートナーから同意を得ても親族からの同意がある場合と同じように治療を進めることは難しいと考えているのでしょうが、親族の同意がないとダメだということに法的な根拠はありません。神奈川県横須賀市では、市立病院が、手術などの同意書に署名する際の指針を作成し、同意できる人として、「社会的に内縁関係にあると判断される同性パートナーを含む」と明記したことが報道されています（2016年9月1日、毎日新聞）。

2年前にパートナーが入院した際も、面会はできましたが、その面会も手術の説明を聞くのも友人扱いで、手術の同意のサインもさせてもらえませんでした。私にとって、大切な人のことなのに、何もできませんでした。きっと、もっと重い病気だったら、面会すらできないのかもしれません。（真美　大阪府・30代）

3 別れるとき

同性カップルも、男女のカップルと同じく、別れることはあります。別れることを二人で決め、そして財産の清算など別れに伴う問題を話し合って解決できればよいのですが、話し合って別れられない場合は、法的な保障がないことにより問題はいっそう深刻なものとなります。

婚姻している場合、一方が身勝手に別れたくても、もう一方が離婚を承諾しなければ、離婚原因（民法770条）があることが裁判で認められない限り離婚できません。

同性カップルの場合、婚姻することができませんから、一方が身勝手に別れることができてしまいます。

また、離婚をする場合には財産の分与を求めることができます（民法768条）。そして、特別な事情がない限り、婚姻以降に形成された財産は2分の1ずつ分けることが認められています。財産分与の規定は事実上婚姻関係にある男女のカップルにも類推適用されています。男女であれば婚姻していなくても、財産分与を求めうるのです。同性カップルの場合、財産分与の請求をしても裁判所が認めるかはわかりません。二人で共に生活し、財産を築くことに貢献してきたとしても、財産分与の請求ができるかははなはだ不透明で、保障がないのです。このことは、専業主婦や専業主夫として同性パートナーの生活を支えてきた場合には特に深刻な問題です。

4 パートナーから暴力をふるわれたとき

ドメスティック・バイオレンス（以下、「DV」）は、心身に重大な被害を及ぼします。特に深刻な場合、命が奪われることさえあります。しかし、「痴話ゲンカ」などと言われて、被害の深刻さは見過ごされてきました。

そこで、2001年、「配偶者からの暴力の防止及び被害者の保護等に関する法律」（以下、「DV防止法」）が制定され、裁判所が被害者への接近禁止等を命ずる保護命令制度が定められました（DV防止法4章）。現在では、法律上の夫婦でなくても事実上婚姻関係にあれば、また、事実上婚姻関係とまでいえなくても同棲していれば、保護命令（6か月間の被害者への接近禁止、2か月間の自宅からの退去等の命令があります）の発令を求めることが可能です。保護命令違反の場合には、刑事罰（1年以下の懲役または100万円以下の罰金）の制裁がありますから（DV防止法29条）、保護命令は加害者との接触を一定期間避ける手段となりえます。

また、配偶者暴力相談支援センター（都道府県には必ず設置されていて、市区町村でも設置されているところがあります）で、いろいろな支援を受けることなどもできます。

ところで、DVというと、男性から女性に対するものが思い浮かべられることが多いでしょう。実際、男性から女性に対するものは多いですが、それ以外のDVがないわけではありません。同性パートナーの間でも、ＤＶはあります。

同性間の場合、これまでに少なくとも2件、保護命令が発令されたことがあります。いずれも同棲している場合にも保護命令の発令が可能となる前のことでした。ＤＶ防止法は第3次改正により、２０１４年1月3日から、同棲している場合でも保護命令の発令が可能になりました。具体的には、「生活の本拠を共にする交際（婚姻関係における共同生活に類する共同生活を営んでいないものを除く。）をする関係にある相手」（ＤＶ防止法28条の2）からの被害の場合にも準用されるようになったのです。単に同棲している場合でも可能になったのですから、婚姻できない同性カップルの場合にも保護命令がより認められることになるように思えます。

しかし、第3次改正に関連して出された論文では、否定的な解釈が主張されています。参議院法制局所属の永野豊太郎氏は、同棲の場合にも準用できるように制定された条文中の「婚姻関係」という文言について、「我が国の憲法上『婚姻は両性の合意により成立』と定められていることを踏まえて解することとなると考えている」と述べています。[*1] そして、東京地裁及び大阪地裁の裁判官は、永野氏の論文の先にあげた箇所をとりあげ、「保護の対象に同性同士の交際は入らないとの立法者意思を明らかにしている」と記しています。[*2] 同性間でも男女間と同じように保護命令制度を使えるとはいい切れないのが実状です。同性婚に関する憲法の解釈が障壁となって

＊1　永野豊太郎「法律解説　配偶者からの暴力の防止及び被害者の保護等に関する法律の一部を改正する法律」『法令解説資料総覧』３８１号、第一法規、２０１３年10月。

＊2　福島政幸・森鍵一「東京地裁及び大阪地裁における平成25年ＤＶ防止法に基づく保護命令手続の運用」『判例タイムズ』１３９５号、判例タイムズ社、２０１４年2月。

います。

なお、永野論文の解釈によっても、事実上婚姻関係と同様の事情にある場合には、同性間でも保護命令が可能と解釈する余地はあります。[*3]

*3　村松秀樹「『配偶者からの暴力の防止及び被害者の保護等に関する法律の一部を改正する法律』における保護命令制度の対象の拡大に関する改正の概要」『民事月報』68巻10号、法務省民事局、2013年10月参照。

5 パートナーと一緒に暮らすとき

住宅の購入が難しい

現在同性パートナーと暮らしていて不便だと思うのは、家を借りにくいこと、共同でローンを組めないため家の購入が現実的な選択肢に入ってこないこと。（東京都・30代）

長く一緒に暮らしていれば、住宅を買おうということになる場合もあるでしょう。しかし、一括で住宅の購入代金を支払える場合はまれであり、通常は、金融機関から住宅ローンを組んで借り入れることが多いでしょう。

ローンを組んで二人で住宅を買う場合には、①片方が主債務者になりもう一方が連帯保証人になる方法、②二人が連帯債務者になる方法、③二人がそれぞれ主債務者として借入れをする方法（一般に「ペアローン」といわれます）があります。

ローンに二人が関わるメリットとしては、一方の収入だけでは住宅ローンの審査に通らなかったり、十分な額を借りられなかったりする場合に、二人の収入を合算することで、住宅ローンが借りられるようになったり、多くの借入れができるようになったりすることがあります。①連帯保証、②連帯債務の方法では、夫婦なら収入の合算ができます。また、③の方法では夫婦それぞれが借りるので、その分、借入額を増やせる可能性があります。

さらに、②連帯債務、③ペアローンについては、借入額や不動産の持分の割合に応じて、住宅ローン控除を夫婦それぞれが受けられるなどのメリットがあります。

しかしながら、①、②、③のいずれの方法も、同性カップルの場合には、認められていないようです。そこで、同性カップルの場合には、カップルの一方だけがローン契約を締結し、その者だけが住宅の所有名義人にならざるをえません。

この場合、収入の合算はできませんし、二人でローンを支払っていても、住宅ローン控除を受けることもできません。また、名義人が遺言をせずに亡くなってしまえば、遺された同性パートナーには相続権はありませんから、一緒にローンの返済をしていたとしても、住宅を失い、出て行かねばならないことになりかねないという問題があります。

住宅を借りづらい

◇公営住宅の場合

住宅を借りる場合はどうでしょうか。収入が少ない場合、都道府県営、市町村営、区営など公営の住宅を借りられれば、安く住むことができ、とても助かるはずです。

しかし、申し込みをしても、多くの自治体では断られてしまいます。以前は、公営住宅法に、

「現に同居し、又は同居しようとする親族」がいなければ入居できないとの規定がありましたが、2012年4月に改正され、同居の親族に関する要件はなくなりました。しかし、多くの地方自治体の条例には、同居の親族に関する要件がまだ残っているからです。

◇民間住宅の場合

では民間住宅ではどうでしょうか。こんな声があります。

同性のパートナーと二人で賃貸住宅を契約しようとした際に、同性二人での賃貸契約を断る大家さんが候補案件のほぼ半数程度あり、驚いた。住宅の選択の幅が制限されたことになり、不便を感じた。（東京都・40代）

同性カップルが住宅の賃貸借を申し込んでも、賃貸人側が同性二人に住宅を賃貸することに消極的な場合がままあります。同性カップルという同性どうしで生活を共にする人たちがいることが想定されておらず、なぜ同性どうしで借りなくてはならないかが理解されないために、また、特に男性二人の場合には、家を汚すのではないか、友人どうしのたまり場になるのではないかなどと偏見を持たれてしまうために、賃貸してもらえないことがあるのです。

6 子どもを育てるとき

私たちは、女性どうしで家庭を築いています。現在日本では、同性どうしでは結婚することができませんが、それでも私たちは互いに愛し合い、支え合い、生計を共にし、前夫との子を共に養育している家族です。私たちのような家族は、家族としては認められないのでしょうか？　一般家庭とはいえないのでしょうか？　そして夫婦とはいえないのでしょうか？　私たちの関係や現実的な生活の仕方は、異性間での婚姻の関係にある夫婦となんら変わりはありません。ですが、いまの私たちは法律上でもまた社会的にも不平等な扱いを受けています。つらいこと、困ること、不安なことがたくさんあります。家族でありながら別姓であるために、また事実婚の届け出もできないために独身の扱いをされます。職場の福利厚生も家族のために利用できません。息子にとっての実母が子を養育できる状況ではなくなった場合、共に養育し家族内の信頼関係が築けていたとしても、パートナーはもう一人の養育者としては認められません。学校行事や病気の看病などのための休暇や勤務調整も難しいです。息子が、妻が、義理の母が…など正当な理由で理解されるはずの出来事も、私たちの家庭から一歩外に出た社会の中では、理解、配慮、妥当な対処はされません。守りたくても、支えたくても、一筋

縄ではいかない困難が私たちにはあります。（静岡県・30代／静岡県・30代）

Nが産んだ子どもとTと三人で生活しています。社会的にはNはシングルマザーですが、生活実態は二人親なので、齟齬を感じるときがあります。Tは現在職場でのカムアウトはしていないため、独身者扱いになり、子育て中であることの配慮は受けられない状態です。たとえば、産んだ方（N）が死んでしまったら、子どもはどうなるのか。産んでない方（T）が現在住んでいるマンションの所有者なので、こちらが死んでしまった場合、どうすればいいのか。また、パートナーを失って悲しみに暮れる中、立ち直るまでの間に保険金が生活の支えになるでもなく、生活のためにはすぐ働かないといけない…などと想像すると、不安です。死ぬという究極の状態に陥らなくても、だれかが健康でいられなくなれば、生活の安定が大きく崩れてしまうことは常に不安に思っています。（N　大阪府・30代／T　大阪府・30代）

同性カップルが子どもを育てていることを不思議に思う人もいるかもしれません。しかし、実際、日本でも、子どもを育てている同性カップルはいます。

性的指向が両性愛である場合に、異性との間で子をもうけたものの別れることになり、新たに関係を築いた同性パートナーとの間で子どもを育てているケースがあります。

また、同性愛者であっても、自らの性的指向に気づかなかったり否定したりしたまま異性との間で子どもをもうけた後、自らの性的指向が同性愛であることに気づいたり自らの性的指向を受け入れるに至ったりして、異性と別れた後、同性のパートナーと関係を築き、子どもを育てているケースも存在します。

さらに、女性どうしのカップルの一方が第三者から精子の提供を受けて子どもをもうけ、女性どうしのカップルで子どもを育てているというケースもあります。

いずれも、海外ではなく、日本でも実際にあることです。

これらのケースの場合、同性のパートナーと子どもとは、実態としては親子であっても、法的には親子ではないのです。では、パートナーと子どもの間で養子縁組をすればいいと思われるかもしれません。しかしながら、養子縁組をすると、親権は、もともとの親権者から養親になったパートナーに移ってしまいます（民法818条2項）。共同で親権を行使しようとする同性カップルにとっては、養子縁組は解決にはなりません。共同で養育していても、あくまでパートナーは、法律上は他人として養育にあたることになってしまうのです。

このような場合に同性カップルのうち実親が死亡すると、深刻な問題が生じます。パートナー

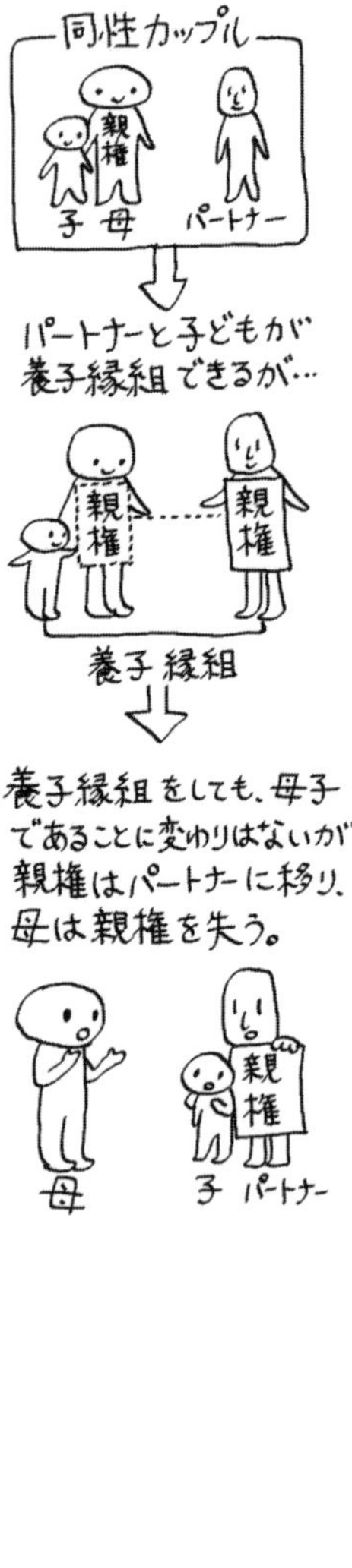

と子どもの関係がとてもよかったとしても、実親が死亡したからといって、パートナーが親権を得ることはありません。

遺言で未成年後見人を指定することはできます（民法８３９条１項）。しかし、このことを知っている人は多くはないでしょう。遺言でパートナーを未成年後見人に指定していない場合に、家庭裁判所がパートナーを未成年後見人にする可能性は、とても疑問があるところです。パートナーが未成年後見人になれない場合、パートナーが子育てから排除されてしまうことになりかねません。これはとてもつらいことです。パートナーと共に、実際に子育てをしているのですから、未成年後見人ではなく、そもそも親として認められるべきです。

私たちは、スペイン人と日本人のカップルです。スペインでは同性婚が認められており、私たちは、２００８年にスペインで結婚しました。スペインでは法律上、配偶者として認められています。しかし、日本では同性婚が認められていません。２０１２年に双子が生まれたときから、私たちはたくさんの理不尽な事実に直面しています。

具体的には、

- 病院で帝王切開の手術の際には、同性の「配偶者」の同意の署名は受け付けられず、血縁者の署名に限られました。
- 出産に際しては、手術室の横に「旦那様の席」があり、同性の「配偶者」は入れませんでした。
- スペインでは子どもたちの出生証明書には、私たち二人の名前が両親の名前として登録されていますが、日本の戸籍には、出産した親の名前しかのっていません。
・しかも、子どもたちは「非嫡出子」として登録されています。
・私たちの息子が緊急手術をした際、出産した親は、出張で留守をしていました。もう一人の親が手術の同意書に署名しようとしましたが、病院側の受け入れに大変時間がかかりました。もう一人の親の名前が母子手帳に記載されていないためです。
・私たちは共に親としての責任を果たしています。しかし、現在の日本の法律では、私たちは共同で親権者になることができません。出産した親がもしものときのために遺言を作成しておいても、彼女は親権者ではなく、あくまで法律上の「後見人」にとどまるのです。

（東京都・40代／東京都・40代）

7 パートナーが外国人のとき

「日本人の配偶者等」でないために在留資格が得られない

同性パートナーが外国人（日本国籍を持たない人）である場合、同性婚が認められないことによる不利益はとても大きいといえるでしょう。

外国人が日本に上陸しようとする際には「在留資格」がなければ日本に入国し、在留することはできません。また、「在留資格」にはさまざまな種類があり、その種類によって、在留期間も変わります。在留資格の種類については、出入国管理及び難民認定法（以下、入管法といいます）の「別表」に掲げられています。たとえば、「外交」「医療」「研究」「芸術」など個人の活動に基づくもののほか、「日本人の配偶者等」「永住者の配偶者等」などがあります。

もしも、異性カップルのうち一人が日本人で、二人が結婚していれば、外国人パートナーは、「日本人の配偶者等」の在留資格にあたるので、外国人パートナーは日本に上陸して、日本で暮らすことができます。

しかし、二人が同性カップルの場合、日本では、同性婚が認められていないので、外国人の同性パートナーは「日本人の配偶者等」にはあたりません。ですから、多くの同性カップルの外国人パートナーは、「留学」「技術」「短期滞在」などといった在留資格で日本に入国しています。在留期間が過ぎてしまうと、そのままでは不法滞在になってしまうので、在留期間が切れそうになると、在留期間の更新といって、つづけて日本に在留するための申請を行わなければなりません。そのときは、更新を認めるだけの「相当の理由」が必要ですので（入管法21条3項）、更新を認めてよいかどうか、総合的に判断されます。

もともと、在留資格をもらえるためのハードルが高いですから、きちんと更新されるかどうかは確約されていません。「留学」の在留資格で日本に来ても、次の更新で、確実に更新される保証はどこにもないのです。一方、「日本人の配偶者等」の資格であれば、偽装結婚をしているなど、よほどのことがない限り、「日本人の配偶者等」として更新される可能性が高いでしょう。

パートナーが異性であるか、同性であるかによって、取得できる在留資格が違うことになり、更新の際のハードルも変わってきてしまいます。

当事者たちは、以下のように話します。

私にとって一番大きな問題は外国人のパートナーの日本での滞在許可の問題です。私はフランスで暮らしているときにいまのパートナーと知り合い、ＰＡＣＳ（編者注：同性または異性の成人2名による、共同生活を結ぶために締結される契約。同棲よりも法的な権利が認められている）をしました。そのおかげで私はフランスでの滞在許可を延長することができました。私が日本に帰国するときに私のパートナーも私と生活をするため日本に来ることになりましたが、同性婚はもとより、ＰＡＣＳさえない日本では本人が日本で仕事を見つけて就労先からビザを申請してもらうしか日本での滞在許可を得る方法はありませんでした。日本への移住を決めたときから仕事を探しましたが、日本語が話せない私のパートナーにすぐに仕事が見つかるはずもなく、仕方なく日本に観光ビザで入国しました。ビザも仕事もない状態で本当に先行きのわからぬまま不安な日々でしたが、本当に幸運なことに仕事がすぐに見つかり就労ビザを得て滞在許可を得ることできました。あのとき仕事が見つからなかったら私のパートナーはすぐにフランスに帰らなければならなくなり、いま私たち二人はどのようになっていたか、いまとなっては知る由もありません。いま現在でもパートナーが仕事を失えば日本に在留することはできなくなるという状況です。（神奈川県・30代）

いまお付き合いしているパートナーは外国人なので、同性間で結婚ができない日本では学生や就労のビザを取得しなければ、在留資格がありません。いま日本で一緒に生活するには結婚以外で在留資格を取得するしかないので、大変不便です。（中島愛　神奈川県・30代）

異性愛者の国際カップルは、就労の有無にかかわらず、子の有無にかかわらず配偶者ビザを取得できます。学生ビザを取得しなくても日本で好きなだけ勉強に打ち込むことができますし、病気などで仕事を中断せざるを得ない、もしくは仕事を失った状態でも日本に滞在できます。しかし、同性国際カップルの場合、ビザが延長できない場合は帰国せざるを得ません。私たちカップルの場合、パートナーは学生ですので、学生ビザが延長できない場合は帰国します。また、日本で就職しても十分な収入を安定して得られない場合、病気や怪我などで収入が減少し規定に満たない場合、日本人である私が安定しかつ2名で生活するうえで問題ない収入があっても、就労ビザを延長することは困難です（東京都・40代）。

このような声は多く聞かれます。また、実際にパートナーの「就労」や「留学」の在留期間が延長できず、困難な状況に直面したり、しかたなく別れてしまった人もいます。

相手男性パートナーは日本の大学で学業を終えた外国籍の者であり、大学院卒業後も日本の大学で非常勤講師をしていたが、昨年度末、契約更新されず突如雇止めにあった。当初日本での就労も検討したが、本人のキャリアに即した仕事がなく、本人の将来のキャリアを考えたうえでやむを得ず帰国することとなった。（沖縄県・30代）

2005年の夏、当時7年来のオーストラリア人パートナーがいましたが、乳がんを患い、治療のため帰国するのについて行くことを決心した際、男女であればないであろう障壁を感じました。私たちが男女であれば彼女と結婚することで「日本で治療を受ける」という選択肢が得られますが、当然私たちにはありません。ビジネスビザで滞在していた彼女は仕事ができなくなれば日本にいられなくなります。私は急いで観光ビザを取って彼女に同行しましたが、観光ビザには一度に連続して3か月までしか滞在できないという決まりがあります。私は彼女の看病を続けるために3か月ごとに二度日本へ一時帰国しました。これは重病のパートナーを看病する身にとって精神的にも経済的にも大変な負担です。（鹿賀理恵子　神奈川県・40代）

帰化しにくい

外国人が日本に5年以上住所を有するときなどの要件を満たしたときには、その外国人に日本国籍が与えられる場合があります（国籍法4条・5条）。日本国籍が与えられれば、外国人ではなく、日本人として生活をすることとなり、在留資格はもはやいらなくなります。これを帰化といいます。

パートナーが異性の場合には、そのパートナーが帰化したいと思った場合、その要件は、もともと想定されている帰化の要件（国籍法4・5条）よりも緩められています。日本人の配偶者が外国人である場合、帰化の要件となる居住期間は5年以上ではなく、3年以上と短いのです。また、本来予定されている帰化の要件よりも、配偶者であることを理由とした申請のほうが、帰化が認められる可能性が高いと考えられます。

けれども、同性パートナーは、日本人の配偶者ではないので、帰化の特例を使えず、もともと想定されている帰化の制度を使うことになります。

在留特別許可が認められにくい

外国人が在留期間を過ぎて日本に滞在していた場合にはどうなるでしょうか。その場合には、その外国人は、国籍のある国に強制的に帰されてしまいます（退去強制）。

しかし、強制送還することが、気の毒な場合もあるでしょう。その場合に、法務大臣が、日本に滞在してもよいという特別な許可をその外国人に与えることがあります。これを「在留特別許可」といいます。たとえ、滞在期間が過ぎていても、法務大臣がその外国人に在留資格を特別に与えることができるのです。在留特別許可がどのような場合に与えられるかは、法務大臣の広い判断に任されています。

けれども、異性カップルの場合には、優遇される可能性があります。2008年、東京地方裁判所は、カップルのうち一人が外国人であっても、二人の関係がまるで結婚しているほどの関係性であるといえる場合には、在留特別許可が与えられる場合があると判断しました（東京地方裁判所判決平成20年2月29日判例時報2013号61頁）。

だれを好きになるかが違うだけなのですが、異性カップルに比べて、同性カップルの場合には、在留特別許可がもらえない可能性があるということになります。

では判決でいわれた、このカップルには同性カップルも含まれているのかというと、それはわかりません。異性カップルは間違いなく想定されていますから、在留特別許可が与えられる可能性はあるわけですが、同性カップルにも同じように与えられるかというとなんともいえないのです。ただ、この判決の考え方を、同性の外国人パートナーにあてはめて考える余地はあるでしょう。

8 保険金やさまざまな手当てを受け取るとき

保険金の受取人になれない

日本では、多くの異性カップルが、パートナーの突然の死亡に備えて、生命保険に加入しています。そしてたいてい異性カップルの場合、保険金の受取人はパートナーです。同性カップルも、異性カップルと同じように、死亡保険金の受取人を自分のパートナーにしたいと考える人もいるはずです。じつは保険法という法律では、保険金受取人をだれにするかについて制限を加えてはいません。また、生命保険に加入したあとに、死亡保険金の受取人を別の人にかえること（保険金受取人の変更といいます）も可能です。

しかしながら、実際には多くの生命保険会社において生命保険金の受取人の資格を制限しており、各社の社内ルールによって、保険金受取人を配偶者や親、子どもといった二親等以内の親族に限定しています。保険金受取人を同性パートナーにすることはできません。死亡保険金の受取人を同性パートナーに変更することを認めない会社もあります。同性カップルの中にも、一方が働き、もう一方は家事をして暮らしている人たちがいますので、生活の保障のためにも、保険金受取人に同性パートナーを指定したり、変更することができるようにすることは急務だといえます。けれども、まだまだ多くの会社が、生命保険金の受取人の資格を制限している現状があります。

なお、2015年末ごろから、保険会社のなかに、同性パートナーを保険金受取人にすることができるとする会社が少しずつではありますが出てきています。少なくとも2016年8月時点で、12社ほど存在します。これは、日本で、セクシュアル・マイノリティの存在が少しずつ知られるようになったことの現われといえるのではないでしょうか。いい流れだといえるでしょう。

家族対象の民間サービスが利用できない

多くの民間企業では、顧客向けに、「夫婦向け」「家族向け」のサービスを提供しています。映画館や劇場などの「夫婦割」や、携帯電話の「家族割」が代表的な例です。同性パートナーは家族ではないので、これらのサービスの対象からはこぼれ落ちているといえるでしょう。

もっとも、2015年ころから、いくつかの携帯電話会社で、一定の同性カップルには家族割引などを利用できるといった運用が始まりましたし、航空会社の中にも、同性パートナーにマイレージを分け与えることができるなどの運用も始まりました。

少しずつ変化はありますが、まだまだ同性カップル間では、使えない民間サービスが圧倒的に多いようです。

職場で福利厚生が受けられない

企業は、働いている従業員に対する福利厚生として、さまざまな手当てを用意しています。たとえば、扶養手当、家族手当などの各種手当。結婚したり、親族で亡くなった人がいる場合などは、慶弔休暇・慶弔見舞金をもらえることがあります。多くの会社では、これらの制度をつかうには、法律婚を前提としているため、同性パートナーは親族・家族ではないとして、これらの福利厚生を受けることはできません。

2015年以降、セクシュアル・マイノリティが社会的に注目されるようになったことから、徐々に会社の意識が変わり、同性カップルを結婚しているカップルと同様に取り扱うとしたり、結婚祝いを支給するなどとする会社も増えてきたと聞きますが、その数は、まだまだ多くありません。

福利厚生が受けられないという声は、たびたび聞かれます。

職場では関係はクローズにしていたが、人事担当者に同居人がいることは伝えていたため、賃貸住宅居住者への「住宅手当」が満額支給されず、家賃を半額にした額で支給額を計算された。職場の福利厚生では結婚祝い金や結婚休暇の対象にもならない。(30代)

就労先において、配偶者控除および配偶者の疾病の介護にかかる有休などの福利厚生を得ることができない。（山﨑陽子　埼玉県・30代）

同性パートナーは扶養家族手当などの対象外となってしまい、通常であれば受けられるはずの課税軽減策や手当を受けられない。会社や社会に対しては同僚と同等の貢献をしているのに、理不尽だと思う。（東京都・40代）

当事者の中には、福利厚生が受けられないことが理由で、海外赴任などのキャリアアップを諦めざるを得なかった方もいました。

私が海外転勤になった場合、パートナーはついていくといってくれているが、会社からすると私は独身であり、海外転勤時の伴侶への手当や言語習得サポートなどがでない。そのこともあり、海外転勤になると困るので、海外を目指したい気持ちはあっても目指す気持ちが半減する。（京都府・30代）

数年前、会社から海外駐在要請の話があり、私・パートナー共に海外生活を希望していたため、意を決してパートナーを複身者として家族転勤を希望しましたが、残念ながら叶わず海外転勤の機会を諦めました。婚姻関係がないため、海外駐在家族（配偶者、子）へのVISA申請や健康保険等の会社としてのサポートは、私の場合は適用できないと言われました。

当時、私に海外駐在を進めてくれた上司も私とパートナーの家族転勤を応援してくれていたこともあり、「生きづらい」と上司の前で号泣したことを覚えています。

これらの当事者の声にもあるように、転勤する場合、婚姻した夫婦のような配慮を受けることは難しい場合がほとんどです。転勤に対する配慮が不足しているがゆえに、転勤をあきらめる当事者も少なくないのです。

私もパートナーも職場においては独身という位置づけであるため、転居を伴う出向、転勤など、パートナーがいることが配慮されない業務上の命令がなされる可能性がある点が不安です。

結婚している人で転勤はありませんが、勤め先から見ると私は未婚ということになっているため、何度も転勤を持ちかけられました。何度かそれを公にしたいと、なぜ私は転勤できないのか、またそういった人もいるということを知ってもらうために話したい、と理由を知っている上司へ相談しましたが、会社が混乱するとの理由で断られました。

これまで説明してきたことのほかにも、異性カップルの法律婚と比べて、同性カップルであることによって起こる不利益があります。主なものを次の表にまとめましたので参考にしてください。

表　同性カップルゆえに起こる法律上の不利益

民事関係		
財産関係		夫婦の場合、配偶者が死亡すれば、他方の配偶者が亡くなった配偶者の財産を相続できます。けれども同性カップルの一方が死亡してしまった場合には、遺言がない限り、財産を受け継ぐことはできません。
		夫婦の場合、夫婦のどちらかの所有であるか不明であるものについては、夫婦の共有財産になります（民法762条2項）。けれども同性カップルの場合、このルールは直接適用されません。
		夫婦が離婚するときには、財産をわけます。これを、「財産分与」といいますが、同性カップルの場合にも財産分与が認められるかは、法律には書かれていません。
		公営住宅に入居するとき、地方公共団体によっては、「同居親族」であることを入居の条件としているところがあります。その場合、同性カップルは「親族」ではないので、公営住宅に入居することは難しいと思われます。
		成年後見人をつけようと申し立てたくても、同性パートナーは「親族」ではないので、申立権が認められていません（民法7条）。
身分関係		異性カップルが離婚するとき、慰謝料請求が認められる場合がありますが、同性カップルが別れる場合に、慰謝料請求が認められる場合があるかは明らかではありません。
		異性パートナーが生命を落とすような加害を受けたとき、配偶者は加害者に対して、損害賠償請求（民法711条）を行うことができますが、同性パートナーの場合、独自の損害賠償請求が認められるかどうかは明らかではありません。
		婚姻をした場合、法律上、同居・協力・扶助義務が要求されますが（民法752条）、同性カップルの場合、これらの義務を課す法律の規定は存在しません。
		婚姻中に妊娠した子の親権は、夫婦が共同で持ちます。またもし連れ子がいれば、連れ子と他方の配偶者が養子縁組すれば夫婦が共同で親権を持つことができます。同性カップルでも二人で子を育てていることはありますが、その場合、カップル二人ともがその子に対する親権を持つことはできません。養子縁組をすれば他方の配偶者に親権がうつってしまい、もともとの親権者は親権を失います。
		配偶者からの暴力の防止及び被害者の保護に関する法律（DV防止法）が適用されるか明らかではありません。

民事関係	同性パートナーの病状についての説明を受けることができない場合やカルテの開示請求が認められない場合、医療についての同意を本人の代わりにすることができない場合がままあります。
医療関係	意識不明の入院中の同性パートナーとの面会をすることができない場合があります。
刑事関係	弁護人の選任権が認められていません（刑事訴訟法30条2項）。
	受刑者への面会は原則として認められません（刑事収容施設法111条1項）。
	遺族給付金（犯罪被害給付制度）を受け取れるか明らかでありません（犯罪被害者等給付金の支給等による犯罪被害者等の支援に関する法律5条1項1号）。
税制分野	所得税の配偶者控除・配偶者特別控除を受けることはできません（所得税法83条、83条の2）。
	配偶者に対する相続税額の軽減制度は適用されません（相続税法19条の2）。
	医療費控除のための医療費合算はできません（所得税法73条）。
社会保障分野	健康保険法でいう「被扶養者」に該当するか明らかでありません（健康保険法3条7項）。
	国民年金の3号被保険者になれるかが明らかではありません（国民年金法5条8項）。
	遺族基礎年金、遺族厚生年金などが支給されるか明らかではありません（国民年金法37条ないし42条、厚生年金保険法59条など）。
	労災補償の遺族補償給付が支給されるか明らかではありません（労働者災害補償保険法16条の2第1項）。
外国人	「日本人の配偶者等」や「家族滞在」といった在留資格による入国が認められません。
	配偶者の帰化特例制度が認められません（国籍法7条）。
	オーバーステイとなった外国人の同性パートナーがいても、男女のカップルで後から婚姻した場合のようには在留特別許可が認められない可能性があります。
民間サービス	生命保険において、同性パートナーを保険金受取人に指定することができるようになってきましたが、まだできないものもあります。
	住宅ローンのペアローン（一つの物件に二人別々のローン）は現状ではほとんど利用できません。
	同性カップルが、賃貸物件を賃借するときに、大家さんなどから断られる場合があります。

9 不利益解消のための方法はあるか

いままで述べたように、同性カップルであることによって、大変なことがいろいろとあります。少しでも不利益を解消するために何か方法はないのかとよく聞かれるのですが、ないわけではありません。次に述べる制度を使えば、多少は解消することが可能です。ただし、いずれも決して万全な対策ではありません。具体的にみていきましょう。

養子縁組制度

いままでに一番利用されてきたのが、養子縁組という制度です。養子縁組とは、血のつながっていない二人の一方が親（養親といいます）となり、片方が子（養子といいます）になる制度です。二人は、血はつながっていませんが、法律上は親子になります。

この制度を使っている同性カップルはたくさんいます。理由はさまざまですが、財産をパートナーに残せるからというのは大きいと思います。養親が死亡すれば、養子に財産がうつります。つまり養子は養親の財産を相続することができるのです（もっとも、相続できる割合は、他の相続人がどの程度いるかによって変わります）。日本の法律では、同性カップルには、一方が死亡しても相続が認められていないため、養子縁組制度を使って相続を可能にするわけです。

けれども、この方法は、婚姻制度の完全な代わりにはなりません。確かに相続をすることはできます。しかし、養子は養親の苗字を名乗らなければならず、苗字が強制的に変わってしまいます。養子の苗字を選択することはできません。また、遺言を残さずに養子が死亡したときに、その養子の実親が両方とも健在であれば、養親たる同性パートナーは養子の財産を3分の1しかもらえず、配偶者であった場合には3分の2もらえることに比べて問題があります。そして、最大の問題は、養子縁組が認められるための一つの要件として、「縁組意思」が必要だといわれていることです。縁組意思とは親子関係を成立させようとする意思のことです。同性カップルが養子縁組制度を使うとき、この縁組意思が「ある」と果たしていえるのでしょうか。過去に問題になったことはありません。しかし、もし同性カップルの関係を快く思わない人たちが、「彼らのしようとしている養子縁組は、本来のあるべき養子縁組ではなく、縁組意思は認められない。したがって養子縁組は無効である」と、裁判所に訴訟提起したとしたらどうなるでしょうか。どのように判断されるかはわかりません。そのような不安がある以上、「婚姻」の完全な代わりにはならないでしょう。実際に、養子縁組制度では、満足できない人たちは多くいます。

養子縁組をして3年になり、家族として生活をしていますが、結婚をしたわけではないということがどうしても何処かに引っかかっている部分があることが否めません。もちろん心情的にも実際の関係としても家族ではありますが、戸籍上「養母」であり「妻」や「夫」でないことに違和感があります。書類上の問題であるとはいえ、配偶者と呼べる存在ではないことを日常的に感じることがあります。……養子縁組をしていて病院の付き添いなどの不便はだいぶ解消されましたが、「配偶者」でないことでできないことがあったり、いちいち説明が必要とされたりと、まだ煩わしいことがあると感じることがあります。（大澤和輝・東京都・20代／大澤笙惟　東京都・20代）

彼女と結婚したい。養子縁組をすれば家族としての法的恩恵は受けられるという言葉もあるが、彼女と親子になりたいわけではない。しかも互いの両親も健在であれば、実際問題難しい。（小川知海）

一緒に暮らすようになり、老後に住む家もないと困るだろうと中古の一軒家をローンで購入したのですが、私ひとりの名義で購入するしかなく、万が一私が死亡したときにはパートナーには渡らずに親族のものになってしまいます。ローンは二人のお金で返済しているので、遠い親戚のものになってしまうのは納得がいきませんし、生命保険の受取人に同性パートナーを指定することもできないため、私たち二人が同時に死ぬ可能性は低いと思うので将来のことを考えるととても不安です。……養子縁組を組むという方法もありますが、同い年のパートナーと「母」「娘」となるのは非常に抵抗があります。（井上ひとみ　大阪府・30代）

養子縁組という方法もありますが、どうしても抵抗があり、私たちは親子になりたいわけではなく、婦婦（ふうふ）になりたいです。（兵庫県・20代）

遺言制度を使う

財産をパートナーに残すために、もう一つよく使われているのが遺言制度です。自分の財産をパートナーに遺贈するといった内容の遺言書を書いておけば、自分が死んでも、パートナーに財産を取得させることができます。同性カップル間には相続が認められていませんから、遺言を書いておけば、財産を渡すことができます。この制度は、とても使いやすい制度であることは間違いありません。けれども、パート3の第1節で述べたように、遺言の作成には厳格なルールがあり、そのルールを破ると無効になること、亡くなったパートナーの相続人が遺言の内容に納得せず、遺言の有効性を争う可能性があること、また、配偶者であれば受けられる相続税の優遇措置を受けられないことなどの問題があります。

公正証書（共同生活契約公正証書）

同性カップルの二人がお互いの財産をどちらが持つか、医療を受ける際の同意権などをあらかじめ、公正証書にしておくことが考えられます。公正証書とは、法律の専門家である公証人が作る文書をいいます。同性カップルの二人が、財産をどちらがもっているか、同意権を相手に与えるのかといった法律に関する事柄を公証人に告げ、公証人が作成します。公証人は公証役場で仕事をしており、公証役場は官公庁と考えてもらえればよいでしょう。全国でおよそ300か所あるといわれています。

法律の専門家である公証人が作成した文書となると、内容もしっかりしていると考えられ、信用力があるといえるでしょう。けれども、あくまでこのような公正証書は、公正証書を作成した者どうしでは効果がありますが、作成に関わっていない第三者に対する直接の効果は限られます。

PART 4

憲法や法律は同性婚をどうとらえているか

「憲法で禁じられている」の誤り

同性カップルの婚姻は民法でどのように定められているのか。同性婚は憲法で禁じられているという説は本当か。同性カップルは子どもを産み育てられないから、同性婚は認められないという意見のどこがおかしいか——。このパートでは同性婚についての憲法や法律の論点を取り上げます。新しく始まった同性パートナーシップ制度の内容と可能性についても概観します。

1 民法ではどうなっているんだろう？

日本では、同性愛に関する運動は1990年代にかなり活発になり、さらにここ最近は一般的にも、同性どうしで愛し合い、二人で共に生きる人たちの存在が明らかになってきています。

しかしながら、日本では、まだ、同性どうしのパートナーシップを保障する法律は存在していません（条例については、パート4第4節参照）。そして、同性カップルが婚姻届を出そうとしても窓口で受理されません。その結果、同性カップルは、パート3でみたようにさまざまな場合に、男女のカップルと異なり、不利益を受けています。同性を愛する人の中にも、異性を愛する人の場合と変わらず、パートナーと共に生き、共に暮らしていくことを望む人は多くいるにもかかわらず、同性どうしのカップルというだけで法的な保障がなく、男女のカップルにはないさまざまな困難があるのです。

このような扱いに正当な理由はあるのでしょうか。この点をまず民法から考えてみます。民法は日常的な権利義務や親子などの身分関係のことを定めている法律で、婚姻の要件も定めています。

同性婚は明文では禁止されていない

民法は、婚姻の成立要件として、当事者が戸籍法の定めるとおりに婚姻の届出をすること（民法739条）、また、当事者に婚姻をする意思があることを求めています（民法742条）。これらの条文で、民法は、「当事者」と定めるだけで、「男女」とは定めていません。

また、民法は、違反すると婚姻届が受理できない場合を次のとおり定めています（民法740条）。

- 婚姻適齢（民法731条）……婚姻できる年齢は、男は18歳、女は16歳です。なお、女も18歳にする方向で法務省が検討し始めたと報道されており、改正の可能性があります。
- 重婚の禁止（民法732条）……配偶者のいる人はさらに婚姻することはできません。
- 再婚禁止期間（民法733条）……女性は、前の婚姻の解消・取消日から100日たたないと原則として再婚できません。
- 近親者間の婚姻の禁止（民法734条）……親、子、祖父母、孫などの直系血族や、兄弟姉妹などの3親等内の傍系血族とは婚姻できません。直系とは血統が直上、直下する形でつながる関係のことです。傍系とは、兄弟姉妹など親など共同の始祖を通じてつながる関係のことです。なお、いとこは4親等の傍系血族なので婚姻できます。
- 直系姻族間の婚姻の禁止（民法735条）……姻族とは、婚姻によってできる親族です。たとえ、死別や離婚後であっても、元配偶者の親、子、祖父母、孫などの直系姻族とは婚姻できません。なお、元配偶者の兄弟姉妹は、直系ではないので婚姻できます。

・養親子等の間の婚姻の禁止（民法736条）……養子、養子の配偶者、養子の直系卑属（養子の子や孫など）、養子の直系卑属の配偶者は、養親や養親の直系尊属（養親の親や祖父母など）とは、離縁した後も婚姻できません。尊属とは、自分より前の世代に属する者です。祖父母や父母などがあたります。卑属とは、自分より後の世代に属する者です。子や孫などがあたります。

・未成年者の婚姻についての父母の同意（737条）

・婚姻の証人（民法739条2項）……婚姻の届出には当事者双方及び成人の証人二人以上の署名が原則として必要です。

以上のように民法には婚姻届を受理できない場合が定められています。しかしながら、ご覧のとおり、同性どうしの場合に婚姻届を受理できないとズバリと定められているわけではないのです。

明文はないが、同性婚はできないと解釈されている

このように、民法で同性婚がはっきりと禁止されているわけではありません。しかし、いまの国や自治体の扱いでは、同性婚はできないと解釈されています。

民法で同性婚が否定されていると解釈する理由については、同性どうしでは、社会通念上夫婦であると認められる関係の設定を望む意思が欠けているから、とする説があります。しかし、夫婦についての「社会通念」は、時代が変わり社会が変われば変わります。それに、「社会通念」が人権を侵害するものなら、その「社会通念」は改善されるべきで、そのままそれでよしとしておくべきではありません。

この説以外には、民法の婚姻の規定では「夫婦」という用語が使われるなど、男女が前提となっているからというものもあります。

いまの民法で同性婚ができるかどうかについてはほとんど裁判例がなく、最高裁でも判断はされていません。しかしながら、残念なことに、実際、同性どうしの婚姻届が出されても、受理されていません。

同性カップルは婚姻から排除されています。

2 憲法ではどう解釈できるのだろう?

同性婚を認めないのは人権侵害

同じ性別の人どうしでの結婚が認められていないことは、憲法との関係で問題はないのでしょうか。この節では、この点についての私たち人権救済弁護団の考えを説明します。

それぞれの個人のそれぞれの生き方を尊重するのが憲法の基本原理ですが(憲法13条)、そのためには、人が生きていく上での重要なことがらを自由に決定できる自己決定権が認められる必要があります。そして、結婚するかどうか・だれと結婚するかは人生をどのように生きるかに関するとても重要な事柄であり、だれもが、国から制約されずに自由に決定する権利(婚姻の自由)を有しています。異性を結婚相手に選択する権利も同性を結婚相手に選択する権利も同じように保障されなければなりません。それにもかかわらず、同性パートナーとの結婚を望む人が結婚できないのは、婚姻の自由を保障する憲法13条及び「すべて国民は法の下に平等」と定める憲法14条1項に違反しており、憲法上保障された人権の侵害であると私たちは考えます。

しかし、そもそも憲法や人権がどのようなものなのかがはっきりとわからない方もいらっしゃると思いますので、まずはそれらについて大まかな説明をしたうえで、続けて、同性婚が認められていないことが、どのような理由から人権侵害といえるのかについて説明します。

憲法ってどんなもの？

日本国内では、多種多様な人々が生活していますが、私たちがどのような生活をするにしても、「国」との関わりを避けることはできません。ここでいう「国」とは、いわゆる「お役所」のようなものを想像してもらえればよいかと思います。たとえば、引越しの際に住民票を移したり、税金を支払ったり、悪いことをすれば警察に逮捕されることもあります。また、皆さんの中には、県庁や市役所などの「お役所」の中で働いている方もいらっしゃるでしょう。

このように私たちは、多かれ少なかれ「国」と関わって生活をしているわけですが、「国」はとても大きな組織ですし、私たちが「イヤだ」といっても「国」の言うことに従わなければならないことが多くあります。上に書いた税金の支払いや逮捕などがそのわかりやすい例です。

しかし、このような強い力をもった大きな組織である「国」自体が守るべきルールはないのでしょうか。もし、そのようなルールがないとすれば、いつどのようなことを「国」から命令されるか予想がつかず、私たちは安心して日本国内で生活することができません。ですので、私たちが安心して日本国内で生活するためには「国」自体が守るべきルールが必要であり、実際にそのようなルールが多く作られています。そして、そのルールの中で一番大切なものが憲法なのです。

要するに憲法とは、「国」が守らなければならない一番大切なルールということです。

人権ってどんなもの?

では、憲法ではどのようなルールが定められているのでしょうか。

憲法では、第１条から第１０３条まで多くのルールが定められており、私たち国民の人権についての部分と国の仕組みについての部分という大きく2つに分けることができますが、今回の人権救済申立てで重要となるのは、前者の私たち国民の人権についての部分です。

憲法では、私たちが人間らしく・自分らしく社会において生きていくうえで必要不可欠な権利が人権として保護されています。人権は私たちが人間らしく・自分らしく生きていく上でとても重要な権利なので、人種・性別・身分などを問わず人間であることのみに基づいて生まれながらに私たちが有しているものであり、国は、正当な理由なく私たち国民の人権を制限してはいけないことになっています。そして、正当な理由なく私たちの人権が国から制限されている状態を「人権侵害」といいます。

憲法上具体的な人権として保障されているものとして、たとえば、思想良心の自由・信教の自由・表現の自由などがあります。具体的な内容をここで詳しく説明することはできませんが、いずれも私たちが人間として社会において生きていくうえで必要不可欠な権利であり、正当な理由なく国から制限されてはならないものです。

愛する人と結婚できるということ

私たちは、人生の途上で人と出会い、そこから愛が芽生えたり性的関係を含む親密な関係となることがあります。その結果として、その相手を自分のライフパートナーとして選択し、永続的な関係を持とうとすることもあります。これは、私たちにとって人生の重大決定であるということができます。

さらに、このパートナーシップを国家に登録して結婚という形にすることが現代社会において広く行われており、そのような社会事情を背景として、憲法の中でも、国が結婚を法律によって規律することになっているのです（憲法24条2項）。そして、結婚をするかどうか、だれと結婚するかの選択も、やはり人がその個性に応じた人生を送るうえでの重要事項であり、結婚することによってその当事者には以下述べるような法的・社会経済的利益と心理的・社会的利益をもたらします。[*1]

まず、パート3において述べたとおり、結婚は、民法「婚姻」編に定められたさまざまな権利（夫婦相互の扶養の権利・夫婦財産上の権利・配偶者相続権・離婚給付の権利）や社会保障法上の各種の受給権、税法上の特典など、配偶者としての身分に伴う各種の財産上の利益を付与し、社会的にもさまざまな便益をもたらします。

＊1　青山道夫、有泉亨編『新版注釈民法』21巻、有斐閣、1989年、179頁

このように、現代の社会においては、結婚を要石(key stone)としてこれらの利益を受けることができるというシステムが構築されているのです（法的・社会経済的利益）。

さらに、結婚には心理的・社会的利益もあります。

結婚に際して人は、お互い助け合い、相手を尊重する意味で浮気をせず、できることなら生涯を共にすることを約束して結婚します。また国も、結婚した二人が、相互扶助義務や貞操義務等を負い、一方的に解消できない関係にあることを定めています。これによって、結婚した二人の人間関係の安定と情緒的満足がもたらされることになります。また、二人が結婚したことは、戸籍等の公的書面に記載されて他の人々の知りうるところとなり、社会の構成単位（家庭）として結婚した二人は認知・承認されます。結婚した二人の社会生活上の地位はそのような過程を経て強化されることとなります（心理的・社会的利益）。

先般、渋谷区で同性パートナーシップ証明書を発行する条例が制定されて社会的に大きな反響を呼びましたが、法律上の婚姻関係が形成されるわけではなく、パートナーであることを公的に証明するにとどまる条例がこのような反響を集めたという事実は、結婚の持つ心理的な機能や社会的な認知・承認の仕組みが当事者自身及び社会にとって大きな意味を持っていることを示すものといえるでしょう。

以上のとおり、結婚は、親密な関係に立った当事者のパートナーシップを補強・実質化して社会的認知をもたらすことによって、二人の関係を強化するうえで大きな役割を果たすことになります。

このように、人が結婚するかどうか・だれと結婚するかという問題は、私たちがどのような人生を送るかという点でとても重要であり、個人の自主的な決定に委ねられるべきものとするのが憲法の考え方ですし、実際に多くの人々がそのように考えています。したがって、人が結婚するかどうか・だれと結婚するかということを国から制約されることなく自由に選択できることは、私たちが人間らしく・自分らしく社会において生きていくうえで必要不可欠であり、すなわち人権として保護されるべき重要な権利であると私たちは考えています。そして、「一切の法律、命令、規則又は処分が憲法に適合するかしないかを決定する権限を有する」最高裁判所（憲法81条）も、「婚姻をするかどうか、いつだれと婚姻をするか」という「婚姻をするについての自由」は、「憲法24条1項の規定の趣旨に照らし、十分尊重に値するものと解することができる」と判断しています。[*2]

愛する人と結婚できないということ

人は、自らのライフスタイルの選択としてカップルとして生きることもシングルとして生きることもありますが、異性カップルであればライフパートナーを得た場合に結婚を選択することが可能であって、結婚に伴う右記の利益（法的・経済的利益と心理的・社会的利益）を享受することができるようになります。

＊2　最高裁判所大法廷判決 平成27年12月16日民集 第69巻8号2427頁

そしておそらく、社会の大半の人々は、だれとパートナーシップを結ぶのか、どのような家族を形成していくのか、さらに望むときには婚姻という選択をするのか、という各自由が保障されるのは当たり前のことと考えていることでしょう。

ところが、同性カップルの場合、同じようにライフパートナーと永続した関係を取り結んでカップルとして生きていこうとしても、同性カップルであるという理由だけで「結婚」という選択肢そのものが奪われるのです。その深刻な意味についてはパート3においても説明しましたが、結婚できないことによって、同性カップルは、その関係がお互い助け合い、浮気はせずに相手を尊重し、できることなら生涯を共にしようとする法律上の結婚と同様あるいはそれ以上の関係であったとしても、その関係が社会に認知・承認されて社会の構成単位として取り扱われることはなく、前述の社会的な利益を享受することができません。

また、同性との結婚を望む者が、結婚という基本的な社会制度から排除され、同性とのパートナーシップが事実として存在しているにもかかわらずその存在を国が認めないことによって法律上は「赤の他人」としてしか取り扱われないということは、同性愛者や両性愛者は、結婚制度を利用できなくても仕方ない特別の集団、いわば二級市民として扱われていることを意味し、同性愛者や両性愛者の個人の尊厳を著しく傷つけています。

さらに同性婚という選択肢がない現状では、大多数の人々の意識に上る結婚は異性婚でしかありえません。そうした大多数の人々からの「異性と結婚せよ」との圧力に耐えられなくなり心ならずも異性との結婚を選択してしまう同性愛者もいまだに少なくありません。異性との結婚と同様に同性との結婚が認められているならば、人々の意識も変わり、同性との結婚も異性との結婚と同様に、当たり前のことになっていくでしょう。私たちが人間らしく・自分らしく社会において生きていくうえできわめて重要な結婚について、同性愛者が自らの性愛の対象ではない異性との結婚を選択するという残酷な状況は、同性婚を認めない法制度と密接に関連しているのです。

平等権

このように、結婚は個人の人生や社会において重要な意味を持ち、同性どうしの結婚が認められないことによって、多くの人が深刻な不利益を被っています。それは、憲法上の婚姻の自由（憲法13条）の侵害です。

さらにこの節の冒頭で述べたように、私たちは、同性婚が認められていないことは、同性パートナーとの結婚を求める人に憲法上保障されている平等権（憲法14条）を侵害していると考えています。

憲法14条1項では「すべて国民は、法の下に平等であって、人種、信条、性別、社会的身分又は門地により、政治的、経済的又は社会的関係において、差別されない」と定められており、この条項によって憲法上保障された人権を「平等権」とか「法の下の平等」といいます（以下では「平等権」と記載します）。

平等権は、国による不平等な取扱いを排除する、いいかえれば他の人と同様に取り扱われることを保障する権利です。

したがって、正当な理由なく異なる取扱いがなされた場合には、それは国による「差別的取扱い」として平等権を侵害するものとなるのです。

同性婚を認めることは憲法24条1項に違反する？

それでは、婚姻する権利を同性カップルに認めず、異性カップルとは異なる取扱いをすることに正当な理由はあるのでしょうか。

同性婚は認められない（認めるべきではない）という意見の主要な根拠の一つめは、「憲法24条1項が同性婚を禁止している」というものです。

すなわち、憲法24条1項においては「婚姻は、両性の合意のみに基いて成立し、夫婦が同等の権利を有することを基本として、相互の協力により、維持されなければならない」と定められていることから、両性ではない同性どうしの結婚を憲法は禁止している（＝憲法を改正しなければ同性婚が認められない）との見解です。安倍晋三首相も、2015年2月18日参議院本会議において「現行憲法の下では、同性カップルの婚姻の成立を認めることは想定されていない」「同性婚を認めるために憲法改正を検討すべきか否かは我が国の家庭のあり方の根幹に関わる問題できわめて慎重な検討を要する」などと述べています。

しかし、憲法24条1項が同性婚を禁止しているという解釈は誤っています。

まず、憲法24条1項は、その文面上、婚姻を異性に限定するとか、同性婚が許されないなどと述べているわけではなく、憲法のその他の条項でもそのようなことを明示した条項はありません。

また、そもそも憲法24条1項という条項が設けられた理由は、昔の民法において定められていた戸主を中心とする封建的な家制度を廃止し、戸主の同意を要することなく当事者個人の合意のみに基づいて婚姻が成立するものであることを確認することにありました。[*3] 憲法24条1項において「婚姻は、両性の合意のみに基いて成立」（傍点は筆者）するとの文言となったのは、現在の憲法の作られた当時には、伝統的な夫婦像である異性婚のみが想定されており、同性婚はそもそも念頭に置かれていなかったからにすぎません。そして立法当時に想定されていなかったものが禁止の対象となりうるはずがありません。

したがって、憲法24条1項が同性婚を禁止していると解釈することは、同条項の趣旨や立法経緯からして不可能であり、法律によって同性婚を認めることは何ら憲法24条1項に違反するものではありません。[*4]

さらに、女性のみ6か月の再婚禁止期間が設けられている法律の規定が憲法14条1項に違反するかどうかが争われた事件において、最高裁判所は、憲法24条1項を「婚姻をするかどうか、いつだれと婚姻をするかについては、当事者間の自由かつ平等な意思決定に委ねられるべきであるという趣旨を明らかにしたもの」としたうえで、このような「婚姻をするについての自由」は、「憲法24条1項の規定の趣旨に照らし、十分尊重に値するものと解することができる」と判断しています（前記最高裁判決）。

＊3　清水伸編『逐条日本国憲法審議録』第2巻、有斐閣、１９６２年、４８１～４８２頁。
＊4　二宮周平『家族と法――個人化と多様化の中で』岩波書店、２００７年、66頁／谷口洋幸「同性婚・パートナーシップ法の可能性」『法律時報』86巻12号、１０９頁。

このように、最高裁も「婚姻をするについての自由」（婚姻をするかどうか・いつだれと婚姻をするか）が十分尊重に値するものと解釈している以上、同じ日本国民である同性カップルから「婚姻をするについての自由」を剥奪する根拠として憲法24条1項を持ち出すなどということはまったく矛盾しており、許されるはずがありません。

なお、渋谷区において同性パートナーシップ証明書を発行する条例が議論されていた際、渋谷区の条例案を巡る報道の中で、「憲法24条1項は、婚姻は両性の合意のみに基づいて成立すると規定しているので、日本では同性婚が認められない」との解説や論評が散見されたことから、ＬＧＢＴ支援法律家ネットワーク有志は、２０１５年2月16日、各報道機関に対し、「憲法24条1項により、日本では同性婚が認められない」との誤った憲法解釈を安易に報道することのないよう要請文を発しています。

また、ＬＧＢＴ支援法律家ネットワーク有志主催で同年4月25日に開催され１２２名が参加した「憲法学者・木村草太准教授と同性婚を考える～二人で生きる未来のために、ひとりひとりができること～」というシンポジウム（プロローグ参照）において、憲法学者の木村草太首都大学東京准教授（当時）も、憲法24条1項はその文言上、異性間の婚姻は両性の合意のみに基づいて成立すると述べているのであり、また、先ほど述べたような憲法24条1項の制定趣旨からも、同性婚を禁止するものではない旨を明確に述べています。

以上のとおり、憲法24条1項が同性婚を禁止しているなどという解釈はまったく誤りであり、同性婚を禁止する正当な理由とはなり得ません。むしろ個人の尊重を婚姻の原則とする憲法24条は、同性婚を認める手がかりとなる規定ということができるのです。[*5]

同性婚は認められないという根拠の二つめは、二人の間で子どもを産むことができない同性カップルには結婚は認められないというものです。長くなるため改めて次節で述べますが、この点についても、同性婚を禁止する正当な理由とはまったくなりません。

同性婚を認めないことは憲法違反

以上のとおり、同性婚を認めないことに正当な理由は何もありません。婚姻をするか否か、だれと婚姻するかは、どのような人生をどのように生きるかに関わる重要な選択であり、私たちは、普段、その選択について国からの制約を受けるべきではないことをだれも疑っていません。それにもかかわらず、同性パートナーとの結婚を望む人々には、結婚するという選択肢が剥奪されているのです。

このような事態は、婚姻の自由を保障する憲法13条及び平等権を定める憲法14条1項に違反する人権侵害であるといわざるをえず、可及的速やかに改善されなければなりません。

現状を変えることはできる

諸外国に目を向ければ、同性婚またはそれに準じる同性パートナーシップ制度を認める国が多

＊5　前記最高裁判決／角田由紀子『性の法律学』有斐閣、1991年、200頁

数であり（この点はパート5を参照してください）、先進国においてそのような制度が存在しない国はむしろ少数となっています。

確かに結婚とは、伝統的には男女という異性間でなされるものと考えられてきたことは否定できないでしょう。しかし、憲法が理念として掲げる「個人の尊重」（憲法13条）という観点からすれば、結婚制度も、現代社会に生きる国民のための制度、すなわち、現代におけるライフスタイルの変化やそれに伴う国民意識の変化に即応した制度であることが必要とされるのであり、[*6] 諸外国においても、伝統的な異性どうしでの結婚観を踏まえながらも結婚にかかる社会制度を変革させてきているのです。そうであれば、日本においてこれができない理由はないはずです。

日本国憲法制定当時、同性カップルの婚姻については議論に上ることがまったくなかったばかりか、パート1で述べたとおり、同性愛を異常視し異性愛を当然とする社会の中で、同性愛者は自らの性的指向を抑圧し息を潜めて生きていくことを余儀なくされていました。しかし、1970年代後半ごろから日本でも同性愛者の権利獲得運動の試みが始まり、異性愛と同性愛は標準と逸脱の関係にあるのではなく、性的指向が異性に向かうか同性に向かうかの違いだけであって、問題は同性愛を異常視する社会の無知・偏見にあり、性的指向の問題は社会的少数者の人権問題であるとの認識が広がっていきました。

そして、同性愛者としてのアイデンティティを持って自らのライフスタイルを作りあげ、同性のパートナーと一緒に生活する人々が多くみられるようになりました。そのような過程を経て、社会の同性愛者や両性愛者に対する意識も受容的なものに変化し、司法や行政も同性愛者や両性愛者の問題を性的少数者の人権問題として把握するに至っています。

このような現状からは、自らの愛する同性の相手をライフパートナーとして生活していこうとする同性カップルが多数存在するにもかかわらず、これらの人々に婚姻を認めないことは、多様な個人の多様な生き方をそれ自体価値あるものとして尊重する憲法の原理に照らして、もはや許されません。

＊6　富井幸雄「同性婚と憲法」『法学新報』113巻、3・4号、57頁

3 子どもを産み育てることと同性婚

生殖できないことが婚姻を認めない理由になるのか?

同性カップルにも婚姻を認めるべきだという主張に対しては、「同性カップルは二人の間で子どもを産むことができないから、婚姻を認めるべきではない」という意見があります。この意見は、「結婚というのはカップルが子どもを安心して産み、安定した環境で子どもを育てるための制度だから、二人の間で子どもを産むことができない同性カップルには婚姻を認めなくて当然ではないか」という考え方が前提にあるのだと思います。

たしかに、多くの異性カップルが二人の間で子どもをもうけ、育てています。その一方で、同性カップルは二人の間で子どもをもうけることができません。たとえば、女性どうしのカップルであれば第三者から精子の提供を受けたり、男性どうしのカップルであれば代理母を依頼したりして、カップル以外の人に協力してもらって子どもをもうけることは考えられますが、二人だけで子どもをもうけることはできません。

それでは、子どもを産めないということが同性婚を認めない理由となりえるのでしょうか。まずは、婚姻制度が「生殖」をどのように取り扱っているのかを見てみましょう。

日本の婚姻制度は、子どもを産み育てるための制度なのか？

日本の民法は、婚姻について、民法739条1項で、「婚姻は、戸籍法…の定めるところにより届け出ることによって、その効力を生ずる」と定め、届出の方法については2項で「当事者双方及び成年の証人二人以上が署名した書面で、又はこれらの者から口頭で、しなければならない」と定めています。民法が婚姻の成立について定めている規定は、これだけです。異性カップルは、この条文にしたがって、婚姻届を役所に届け出て、婚姻しているのです。

その一方で、一定の事情がある場合は、婚姻が禁止されていて、民法は婚姻が禁止される事情を具体的に列挙しています。たとえば、18歳未満の男性や16歳未満の女性は婚姻できませんし（婚姻適齢・民法731条）、すでに婚姻している人は重ねて他の人と婚姻することができません（重婚の禁止・民法732条）。また、たとえば、近親者の間で婚姻することも禁止されています（近親者間の婚姻の禁止・民法734条）。このような事情がある場合は、役所の窓口で婚姻届の受理を拒否される可能性がありますし、仮に一度受理されたとしても、後で婚姻が取り消されてしまうこととなります。

ですが、民法は、生殖能力がないことを、婚姻が禁止される事情としていません。具体的にいうと、民法には「生殖能力を欠く者は婚姻することができない」というような規定はありません。ですから、異性カップルは生殖能力のあるなしに関係なく婚姻することができるのです。

実際に、法律上は、子どもを産むことを目的としていない婚姻であっても有効な婚姻だと考えられていますし、婚姻した後に生殖機能に障害があることが判明した場合も、婚姻が無効になったり取り消されたりすることはありません。子どもをもうけないことを話し合った上で婚姻する異性カップルは存在しますし、無精子症を患っている男性や、病気で子宮や卵巣を摘出した女性、その他にもさまざまな理由で子どもをもうけることができない夫婦はたくさん存在します。

また、日本には、明らかに二人の間で生殖することが不可能なカップルに対して婚姻を認める法制度が存在しています。２００３年、「性同一性障害者の性別の取扱いの特例に関する法律」が成立し、一定の要件をみたした場合には性別の取扱いを男性から女性に、または女性から男性に変更することが認められることとなりました。これによって、性同一性障害の診断を受けた人は戸籍上の性別を変更することができるようになりました。

ただし、この性別の取扱い変更を許可してもらうためには、「生殖腺がないこと又は生殖腺の機能を永続的に欠く状態にあること」が要件とされているので、外科手術等によって生殖機能を完全に失わせなければならないのです（ちなみに、この要件が必要なのかどうかについては、法律が成立した当初から議論があります）。したがって、性別の取扱い変更をした人は、その前提として生殖能力を欠いていることが明らかであるということができます。性別の取扱いが変更を受けた人は、「他の性別に変わったものとみなされる」ので、異性カップルとして婚姻することができるのです。

さらにいうと、日本では、二人の間で性的な関係を持たないことが明らかなカップルであっても婚姻することができます。たとえば、死亡の間際に婚姻する「臨終婚」や、刑務所などの刑事施設に身柄が拘束されている人との間の「獄中婚」は、事実上二人の間で性的な関係を持つことができませんが、実際に法律上有効な婚姻として扱われています。

このように、日本の婚姻制度は生殖と結びついた制度ではなく、むしろ生殖との関係がとても希薄な制度なのです。婚姻制度は、子どもをもうけたり育てたりするための制度ではなく、それぞれのカップルの権利を保護するための制度であると考えるべきでしょう。

個人の幸せを実現するための婚姻制度

人は、生きていく中で、シングルとしてカップルを形成せずに生きていくのか、カップルとして二人で生きていくのか、婚姻をするのか、婚姻せずに事実婚カップルとして生きていくのか、子どもをもうけるのかもうけないのか、子どもを何人もうけるのかなど、さまざまな選択肢に直面します。これらの選択肢に向き合ったとき、人は、それぞれの信条や置かれた状況等に照らしてさまざまな決断をします。そして、それぞれの人の決断はすべて同じように尊重されるべきで、どの生き方がより優れていて、より劣っているということもできません。

憲法13条は「すべて国民は、個人として尊重される」と規定していて、個人個人のその人なりの選択が、それぞれ等しく尊重される権利が保障されています。つまり、個人のそれぞれの生き方を尊重するのが憲法の基本的な考え方なのです。

したがって、婚姻制度もただ子どもを産み育てるという目的のためにのみ存在するのではなく、個人の幸せを実現するための制度として存在すると考えることは、憲法の基本的な考え方にも沿うものなのです。たしかに、同性カップルは二人の間だけで子どもをもうけることはできませんが、そのことを理由として同性カップルを婚姻制度から排除するということになれば、「同性パートナーとカップルで生きていく」という生き方を「男女がカップルで生きていく」という生き方と比べて低い価値しか認めないということとなるので、憲法13条が保障する「個人の尊重」という理念に反することになってしまいます。

「個人の尊重」というのは、憲法の骨格となる理念です。「個人の尊重」の理念に照らすと、まさに同性カップルに婚姻を認めることこそが求められていると考えるべきでしょう。

上野雅和岡山大学名誉教授も、この点について、「婚姻と生殖との不可分な結合関係が失われると、婚姻の成立および維持についての社会的利益も重要性を減じ、婚姻法は主として夫婦の個人的利益の保護を目的とするものになる」「男女の結合であれば、生殖や性関係の可能性が無くても、さらに臨終婚のように共同生活の可能性すらなくても、婚姻法的利益を付与しながら、同性間の結合であれば、生殖能力の点を除けば夫婦の実質を伴っていても、婚姻法的利益の付与を拒否する合理的根拠があるのかという形で、問題が提起されることになる」と指摘しています。[*1]

そもそも民法は血縁関係のない親子関係を認めている

先ほども説明したとおり、同性カップルの場合、二人で血縁関係のある子どもをもうけることは生物学的に不可能です。しかし、日本の民法は、子どもがカップルの片方と血縁関係がなかったとしても、その二人の間に法律上の親子関係を認める場合があります。

たとえば、民法772条は、「妻が婚姻中に懐胎した子は、夫の子と推定する」と定めています。つまり、妻が夫以外の男性と性行為をして妊娠したとしても、妊娠したときに夫と婚姻していた場合は、その子どもは夫の子どもと推定され、血縁関係のない子どもと夫の間の親子関係が法律上推定されるのです。

夫は、「嫡出否認の訴え」を起こすことにより、父子関係の推定を覆すことができます。しかし、この訴えを起こせるのは、夫が子どもの誕生を知ってから1年以内に限定されていて、それを超えた場合は、血縁関係がなくとも親子関係が確定することになるのです。また、夫が「血縁はないが自分の子どもとして育てよう」などと考えた場合は、自分の子どもであることを承認することが法律上認められています。その場合も、血縁関係のない子どもと夫との間の父子関係が確定することになります。

また、不妊の異性カップルが夫以外の男性から精子の提供を受けて子どもをもうけた場合も、血縁関係のない親子関係ができることになります。というのも、夫が同意して第三者から精子の提供を受けて妻が子どもをもうけた場合は、子どもと夫との間に親子関係が成立するという裁判所の判断が存在し、実務上もそのとおり取り扱われているからです。

もっと身近な例を挙げるとするなら、連れ子養子が挙げられるでしょう。女性が子どもをもうけた後に離婚して、別の男性と再婚後、その男性と子どもが養子縁組をすることを「連れ子養子」といいます。この連れ子養子についても民法上に規定があって、実際に、再婚カップルでは多く行われています。

＊1　青山道夫、有地亨編『新版注釈民法』21巻、有斐閣、1989年、179頁。

このように、日本では、異性カップルでも血縁関係のない親子関係を構築することが広く認められ、実際に行われています。このことからすると、同性カップルが二人の間で子どもを設けることができないことを理由として婚姻を認めないのは矛盾しているのではないでしょうか。

養子縁組や里親制度が広く認められていること

ここまでの例は、カップルの一方と子どもとの間には血縁がある場合の話でした。しかし、カップルの両方と子どもとの間に血縁関係がなかったとしても、日本の民法は法律上の親子関係を作り出すことを認めています。

その一例が、養子縁組の制度です。養子縁組の制度は、カップルと子どもとの間に何の血縁関係がなかったとしても利用することができますし、そもそも、婚姻していない人であっても、養親となって養子縁組をすることができます。

また、里親や養育家庭という児童福祉の制度も存在します。これは、実の親と一緒に暮らすことができない子どもをカップルが一時的に子どもとして養育する制度です。里親制度により、血縁関係のない子どもをカップルが養育している例はたくさんありますし、子どもの健全な発育のために必要な制度となっています。

ところで、日本では、児童養護施設に入所する子どもが約4万人いますが、その一方で、里親への委託はわずか約4500人にとどまっています。このような状況の中、ヒューマンライツウオッチは、2014年に発表した報告書『夢がもてない　日本における社会的養護下の子どもたち』の中で、「児童相談所は、いまだ里親になるのは育児・家事専業の人がいる世帯が望ましいとするが、共働き家庭でも積極的に里親登録は認められるべきであるし、未婚者やＬＧＢＴカップルが里親になることも想定すべきである」と指摘しています（同報告書51頁）。また、ＬＧＢＴを含めた視点から子どもの社会的養護を考える団体「レインボー・フォスター・ケア（ＲＦＣ）」(http://rainbowfostercare.jimdo.com/）も発足し、国や地方自治体に対して、里親・養親の候補として積極的にＬＧＢＴを受け入れるよう働きかけを行っています。２０１７年4月には、大阪市が男性同士のカップルを里親に認定したという報道がされました。今後、このような対応は全国に広がっていくと考えられます。

このように、カップルの両方と子どもとの間に血縁関係がなかったとしても法律上の親子関係を構築することはできますし、実際に里親制度によって子を養育することが広く認められているのですから、同性カップルが血縁関係のある子どもを育てられないことを理由として同性婚を否定することはできないはずです。

実体として多くの子どもが同性カップルに養育されている

実際に、日本では多くの女性どうしのカップルが子育てをしています。子育てをしているセクシュアル・マイノリティ当事者の団体が発足し、カップルの間で情報共有が積極的に進められています。たとえば、「にじいろかぞく」(http://queerfamily.jimdo.com/）という団体は、同性カップルの子育てについて情報共有をしたり、ＬＧＢＴと家族との関係についてさまざまな情報を発信したりしています。

女性カップルが子育てをするのはどのようなケースなのでしょうか。バイセクシュアルの女性であれば、一度は男性と婚姻して子どもをもうけたけれども、その後離婚して女性とカップルを形成し、女性パートナーと共に自分の子どもを育てている、というケースが考えられます。また、レズビアンの女性の場合は、日本社会では異性愛者が当然だとされているため、自分のセクシュアリティについて自覚する機会がないまま男性と結婚して子どもをもうけた後、自分がレズビアンであることに気づき、男性と離婚して女性とパートナーになり、女性カップルで子育てをするケースも考えられます。

それ以外にも、最近は、女性カップルの一方が男性の友人などから精子の提供を受けて子どもをもうけて、女性カップルで子育てをするケースも増えているようです。

生殖医療をどう取り扱うべきかという問題については、子どもの出自を知る権利（だれが血縁上の親なのかなどを知る権利）をどのように確保していくのかという問題が根強く指摘されています。実際に生殖医療について真正面から取り扱う法律も存在しません。人工授精を含む生殖補助医療を法律上どのように取り扱うべきかについては、今後も議論が続けられるものと思われます。

ただし、ここで指摘しておかなければならないのは、制度が存在するかどうかにかかわらず、女性どうしのカップルは友人などから精子の提供を受ければ医師の手によらなくても人工的な授精が事実上可能なので、実際に事実が先行してしまっているということです。すでに、少なくない女性どうしのカップルが子どもをもうけて育てているのですから、その実体から目をそらすのではなく、同性婚を認めて安定した環境で子どもが育つような環境を整えることこそが、子どもの権利を保障することになるのです。

同性カップルが子どもを育てると子どもに悪影響を与える？

「男女それぞれ一人ずつの両親からなる家族が子どもを育てるために最も良い環境であり、同性カップルが子育てをすると、子どもの成長にとってマイナスの影響を与えるのではないか」という意見があるかもしれません。

そこで参考になるのが、同性婚がすでに認められている国での子育ての事例です。同性婚が認められている欧米の国々では、実際に子育てをする同性カップルの事例が多数あるので、長年にわたって大規模な追跡調査が蓄積されています。これらの国々の研究でも、男女カップルに育てられた子どもに比べて女性どうし・男性どうしのカップルに育てられた子どもに悪い影響が生じているという調査結果は存在しません。これらの国々では、「同性カップルが子育てをすると、子どもの成長にとってマイナスの影響がある」というような意見には何の根拠もない、というのが専門家の共通認識となっています。むしろ、メルボルン大学の研究によると、同性カップルに育てられた子どもの方が異性カップルに育てられた子どもよりも健康で幸福度が高いとの結果すら公表されています。[*2]

＊2　Crouch SR, Waters E, McNair R, Power J, and Davis E (2014) "Parent-reported measures of child health and wellbeing in same-sex parent families: a cross-sectional survey", *BMC Public Health*, 14:635

日本でも、必ずしもすべての子どもが血縁関係にある異性カップルに育てられているわけではありません。両親のうち一人の親によって育てられている子どももいますし、祖父母や叔父叔母に育てられている子ども、里親に育てられている子どももいます。子どもが健全に育つかどうかは、両親の性別や血縁上の親子関係があるかどうかではなく、子どもが十分な愛情を注がれて育てられているかどうかによるのではないでしょうか。そうだとすると、同性カップルだというだけの理由で、子どもの養育にとってマイナスの影響が生じるということなどできないはずです。

同性婚を認めると少子化が進む？

同性婚に反対する立場からは、「同性婚を認めると少子化が進行してしまうから同性婚を認めるべきでない」という意見も存在します。この意見は、どうやら、同性婚を認めれば社会に同性愛者や両性愛者が増加し、その結果、子どもをもうけて育てる異性カップルが減少する、ということを前提としているようです。

しかし、そもそも、同性婚を認めれば同性愛者や両性愛者の数が増えるということ自体が考えにくいことです。

たしかに、同性婚が認められることによって、日本社会で同性愛者や両性愛者の可視化が進むことになるでしょう。その結果、多くの同性愛者や両性愛者が身近に見える存在として現れることになるかもしれません。

しかし、これはあくまでも表面上同性愛者や両性愛者の数が増加したように見えるだけのことであって、同性愛者や両性愛者が実体として増加した結果ではありません。同性婚が認められる以前から存在したのです。同性婚が認められることになった結果、同性愛者や両性愛者が自分らしく生きることができるようになり、社会の中で見える存在になったというだけの話です。

このような現象は、まさに人権保障という視点からは歓迎するべきものです。先ほど説明したとおり、憲法は13条で「すべて国民は、個人として尊重される」と規定し「個人の尊重」を基本理念としています。このことからすると、同性愛者や両性愛者が個人として尊重される社会が実現された結果、彼ら・彼女らが見える存在になるということは、まさに憲法が目標とする社会のあり方だということもできるでしょう。

仮に、同性婚が少子化に何らかの影響を与えるとすれば、異性カップルを前提とする日本社会から婚姻のプレッシャーを受けて同性パートナーと生きていくことを諦めて異性と婚姻していた同性愛者や両性愛者が、同性婚が認められることによって減少し、その結果、子どもをもうけ育てる異性カップルが減少することはありえるかもしれません。

しかし、それは、同性愛者や両性愛者が自分らしく生きていくことができるようになった結果なので、憲法の「個人の尊重」に照らしても否定するべきではありません。むしろ、少子化を食い止めるために同性愛者や両性愛者が自分らしく生きていくことを諦めないといけない社会こそ否定するべきではないでしょうか。

そもそも、少子化はカップルが子育てをしやすい環境を整えたり、事実婚カップルやひとり親家庭でも子育てをしやすい環境を整えたり、若年層の貧困の問題を解消したりすることによって解決されるべき問題です。同性愛者や両性愛者が自分らしい生き方を犠牲にしなければならない理由などないのです。

むしろ、同性婚を認めることによって子育ての器となるカップルの数が増えることが予想されます。子育ての器となるカップルの数が増えれば、生殖補助医療を用いて子どもをもうけ育てるカップルも出てくるでしょうから、少子化を食い止めることになるかもしれません。

ちなみに、同性婚が認められた諸外国では、同性婚が認められたことを原因として少子化が進んだという指摘はされていないようです。

子どもが産めないことは同性婚を否定する理由とはならない

自分が好きになった相手との間に子どもをもうけたいという気持ちは、同性カップルであっても異性カップルでも変わりがないはずです。同性愛者や両性愛者は、ただ愛するパートナーとの間で子どもをもうけることができないだけなのです。自分が愛する相手との間に子どもをもうけることができないことについて、同性愛者や両性愛者には何の責任もありません。これは、子どもをもうけたいと思ってももうけることができない不妊の異性カップルや、性別の取扱いを変更して婚姻したカップルなどとまったく同じなのです。

そうであれば、同性愛者らが愛する相手との間に血縁関係のある子どもをもうけることができないからといって、それを理由に婚姻制度から排除することは正当化できないはずです。

個人の尊重や法の下の平等という憲法の基本理念に立ち返って、個人個人のその人らしい生き方を尊重する平等な社会を作り上げていくためには、同性婚の実現は必要不可欠なのです。

4 動き出した同性パートナーシップ制度

少しずつ各地に広がる

2015年2月12日、東京都渋谷区は、区内在住の同性カップルにパートナーシップ証明書を発行する条例を区議会に提案することを発表しました。このニュースは「同性カップルに『結婚相当』証明書」との見出しで報道され（同日朝日新聞）、2月15日には、世田谷区も、すでに同様の制度の実施を検討していることを明らかにしました。当事者からSNSなどを通じて歓迎の声が発せられ、東京都の舛添知事（当時）も、「現実の生活の場での差別や偏見をなくすことにつながる」として両区の動きを積極的に評価する発言をしました。[*1] 他方、自民党内からは、国の婚姻制度と抵触するのではないかとの声があがり、[*2] 国会では、憲法改正論議にからめて憲法24条と同性婚の関係を問う質問がなされ、安倍首相は「現行憲法の下では、同性カップルに婚姻の成立を認めることは想定されていない」と答弁しました。[*3]

しかし、毎日新聞が3月中旬に実施した世論調査では、同性婚「賛成」44％、「反対」39％という結果が示され、[*4] 同月17日、国会内に超党派の「LGBT（性的少数者）に関する課題を考える議員連盟」が発足するなどの動きが続き、渋谷区の桑原区長（当時）は、「当事者が孤立している現実がある」「人権の問題である」と強調して条例の成立を訴えました。

3月末、「渋谷区男女平等及び多様性を尊重する社会を推進する条例」は、公明、共産、民主等の賛成多数で可決されて成立し、[*5]世田谷区でも、7月29日、区長が「パートナーシップの宣誓の扱いに関する要綱」を定め、[*6]両区は、仲良く11月5日に証明書の発行をスタートさせました。

その後、同様の取り組みが少しずつ各地に広がっています。三重県伊賀市（2016年4月）、宝塚市（同年6月）、那覇市（同年7月）ですでに実施され、札幌市では、市民と弁護士が共同して、パートナーシップ制度実現を求める要請書を市に提出したことが報道されています。

これら自治体の同性パートナーシップ制度は、実際にどのような効力があり、私たちにとってどのような意味を持っているのでしょうか。

同性パートナーシップ制度の歴史

生活をともにする同性カップルにとって、自分たちが社会から家族として認められ、法律上の婚姻で認められる権利が保障されることは切実な問題です。

海外では、1989年にデンマークが世界で最初に国として同性パートナーシップ登録制度をスタートさせ、婚姻とは別制度でありながら、相続等法律上の夫婦とほぼ同じ権利が認められました。アメリカでも1984年にカリフォルニアのバークレー市でドメスティック・パートナーシップ制度が実施されその後各地に広がりました。[*7]2000年代以降は、各国で次々に同性婚が認められてゆき、現在、サミット7か国（フランス、ドイツ、イギリス、イタリア、アメリカ、カナダ、日本）では日本以外のすべての国が、同性でも婚姻できるか、婚姻と同等の権利を認める制度を持っています。

待ち望まれていた制度

日本では、渋谷区や世田谷区のような制度が現れるまでにも長い時間が必要でした。

『別冊宝島64「女を愛する女たちの物語」』（宝島社、１９９０年）には、１９８１年に実施したレ

＊1　２０１５年2月17日舛添知事定例記者会見（http://www.metro.tokyo.jp/GOVERNOR/KAIKEN/TEXT/2015/150217.htm）。

＊2　２０１５年3月25日開催の自民党「家族の絆を守る特命委員会」の場で、法務省側は「同性間のパートナーシップを禁ずる法制になっていないので、（条例案は）法律上の問題があるとはいえない」（国の法律とは抵触しない）との説明をしている（3月26日、朝日新聞）。条例成立後であるが、上川法務大臣（当時）も4月7日の記者会見で婚姻法制との矛盾・抵触はないとの見解を表明した（4月7日、yahooニュース）。

＊3　２０１５年2月18日の参院本会議における松田公太議員の質問に対する答弁（同日付『官報』号外・第１８９回国会会議録参議院第7号、25頁以下）。

＊4　『毎日新聞』２０１５年3月16日付。

＊5　渋谷区ウェブサイト　条例（https://www.city.shibuya.tokyo.jp/reiki_int/reiki_honbun/g114RG00000779.html）。条例施行規則（https://www.city.shibuya.tokyo.jp/reiki_int/reiki_honbun/g114RG00000798.html）。

＊6　世田谷区ウェブサイト　要綱（http://www.city.setagaya.lg.jp/kurashi/101/167/1871/d00142701.html）。

＊7　棚村政行「家族的パートナーシップ制度」『青山法学論集』第33巻、第3・4合併号、１９９２年、１０９頁。

ズビアン234名に対するアンケートの結果として、20代から30代の回答者の約20%前後の者が「同性の恋人又は友人」と生活している事実や、「好きな人といっしょに暮らしたいという願望は、異性愛・同性愛を問わないのでは」等の声が紹介されています。回答者たちは、「生活は何ら変わりないのに、ストレートの家庭とレズビアンの家庭では、擁護が全然違う」「男女のカップルとほとんど同じなのだから、法的保護もあって当然だ」「女と女の愛が社会にねじ曲げられることなく育ったなら壊れずにすんだ関係、心中しなくてよかったカップル、人格破壊を起こさなくてもすんだ心などがあったはずだ」など、社会の差別や偏見に対する痛切な声を寄せています。法律専門家も、これらの人びとの生き方を承認する法律や制度の必要性を指摘していました。[*8]

1990年代以降、日本社会でも、自分の性的指向・性自認に即した生き方を追求する人びとが着実に増え、性的少数者の社会的な認知と権利獲得のためのさまざまな活動が生まれました。1990年代半ばには、同性カップルが遺言や共同生活の合意書を作成することが注目されるようになり、その後、同性パートナーシップに関する書籍が複数刊行され、意識調査が行われるなどしました。[*9*10]

しかし、社会全体としてみれば、これらの動きは散発的なものにとどまり、トランスジェンダーの人々が2003年に、不十分ながらも「性別変更」に途を開く「性同一性障害者の性別の取扱いの特例に関する法律」を獲得したのに対し、同性カップルを支援する法律や制度は現れませんでした。

渋谷区と世田谷区の制度は、日本で初めて、行政が同性カップルの存在を正面から認めて積極的に支援しようとするものであり、その意味で画期的といえるものだったのです。

対象は「戸籍上同性」のカップル

それでは、今回の制度はどのような制度でしょうか。

渋谷区の制度は、条例と規則にしたがって公正証書を作成したカップルが二人で区役所に出頭して申請をすると、二人の氏名・生年月日と「上記両名は、渋谷区男女平等及び多様性を尊重する社会を推進する条例第10条1項の規定により、パートナーシップの関係であることを証明します」と記載された区長名の証明書が交付されるというものです。

世田谷区は、カップルの二人が区役所に行き、「互いをその人生のパートナーとすることを宣誓し、署名いたします」と記載された宣誓書を職員の前で作成して提出し、区がこれに対して区長名の「パートナーシップ宣誓書受領書」を発行するというものです。

＊8 二宮周平『事実婚の現代的課題』日本評論社、1990年（本文記載のアンケートと独自の調査の結果を詳しく紹介している）／角田由紀子『性の法律学』有斐閣、1991年。

＊9 赤杉康伸、土屋ゆき、筒井真樹子『同性パートナー』社会批評社、2004年／杉浦郁子、野宮亜紀、大江千束『パートナーシップ・生活と制度』緑風出版、2007年／永易至文『同性パートナー生活読本』緑風出版、2009年。

＊10「同性間パートナーシップの法的保障に関する当事者ニーズ調査」（「血縁と婚姻を越えた関係に関する政策提言研究会」有志　ニーズ調査プロジェクト、2004年）。

渋谷区でも世田谷区でも、制度を利用できるのは、戸籍上同性のカップルです。「戸籍上同性」であれば、それぞれの性的指向や性自認は問いません。たとえば、戸籍上女性どうしでも、女性どうしとして愛し合っている場合もあれば、一方の「心の性」が男性で男女として愛し合っている場合、男性か女性かということに強くはこだわらずに愛し合っている場合などさまざまな場合がありえます。

他方、戸籍上の異性カップルは対象外とされています。この点、フランスで1999年にできたパクス（民事連帯契約）という制度は、異性でも同性でも使うことができます。パクスは、二人の契約を登録すると、カップルの一方が死亡した場合に住居の賃借権を相続できたり、税法・社会保障法上の保護を認める制度で、当初は、婚姻や内縁の保護が認められない同性カップルを念頭に作られました。しかし、異性のカップルにとっても、法律婚では協議離婚も裁判所で行わねばならないのに対し、パクスは双方が合意すれば即時に解消できるといった使いがってのよさから、異性のカップルにも広がり、今では、異性カップルが圧倒的に多数になっているそうです。[*11]

日本国憲法13条はすべて国民は個人として尊重されると言っています。さまざまなライフスタイルを尊重するという点からは、同性でも異性でも使える制度が望ましく、将来の課題といえましょう。

住所・年齢などその他の要件

このほかに、渋谷区の規則では、①申請時点で渋谷区に在住し住民票があること（申請時は同居してなくてもよい）、②20歳以上であること、③相手方以外に配偶者やパートナーがいないこと、④二人が近親者でないことと定められています（条例施行規則3条）。

世田谷区でも、宣誓ができる人の条件は、①20歳以上であること、②双方が区内に住所を有すること（一方が区内に住所があり、他方が転入予定であれば大丈夫です）、③公序良俗に反しないこととされています。「公序良俗」という要件は、渋谷区が施行規則で定めている「他に配偶者やパートナーがいない」とか「近親者ではない」ことを含む意味と思われ、これらの点では、両区の制度に大きな違いはないといえます。

◇渋谷区では公正証書が必要

両区の制度の最大の違いは、渋谷区の場合、「公正証書」という特別の書類を作らねばならないことです（条例施行規則10条2項）。条例では、原則として「任意後見契約」と「共同生活に関する合意契約」という2種類の公正証書が必要とされています。

なぜこのように高いハードルが設けられたのでしょうか。それは、ハードルを高くすることで二人の関係の真摯性が担保され、パートナーシップ証明の信頼性を高めることができると考えられたからです。

＊11　鳥澤孝之「諸外国の同性パートナーシップ制度『レファレンス』平成22年4月号、国立国会図書館調査及び立法考査局、２０１０年、34頁／渡邉泰彦「同性パートナーシップの法的課題と立法モデル」『家族〈社会と法〉』27号、日本家族〈社会と法〉学会、２０１１年。

しかし、2種類の公正証書を作成するためには、6万数千円から8万円の費用が必要となり（弁護士、司法書士、行政書士の費用は別）、また、いくら愛情と信頼で結ばれているといっても、重い責任を負う後見人としてパートナーが常に適任とは限りません。残念ながら、この段階では、行政側も当事者の側も、それまでに蓄積されていた議論や情報を十分に活用するだけのチャンネルを持ち合わせていなかったのです。

条例の成立後、制度の具体化を諮問された「渋谷区男女平等・多様性社会推進会議」では、この点の反省に立ち、諸外国のパートナーシップ制度を研究してきた専門家からの助言や、委員が独自に行ったウェブ・アンケートに寄せられた声、当事者の直接の意見陳述の内容などを参考に、制度の性格に遡って議論を行い、*12 最終的に、条例の「但し書き」を活用し、「生活または財産の形成過程であり、任意後見契約を締結するのが困難である」との申し出があった場合には、その点について特段の資料提出を求めることなく、『共同生活に関する合意契約』の公正証書だけですむこととなりました（条例施行規則5条）。この場合、公正証書作成費用は1万5000円弱です。

◇近親者の扱いは？

渋谷区の「推進会議」では、「近親者」の扱いについても議論となりました。

明治の時代にできた民法では、養子縁組をした者どうしは離縁した後も婚姻できず（民法736条。はじめから婚姻が無効といえれば可能）、おじとめいなどの三親等傍系血族も一律に婚姻できません（同734条）。しかし、これらの点については、国によっても扱いが異なるうえ、日本の最高裁も、おじとめいの関係にある者が事実上夫婦として長年連れ添った事案で、民法上の婚姻はできなくとも遺族年金の受給権については、「反倫理性、反公益性が婚姻法秩序維持などの観点から問題とする必要が無い程度に著しく低（く）」「事実上婚姻関係と同様の事情にある者」と言ってよい場合があることを認めており、[*13] 自治体の同性パートナーシップ制度ではどのように扱うべきかは難問でした。

結局、養子縁組を解消した場合は利用できること、おじとめいなど、その他の近親者の扱いについても、将来的に、判例や社会通念の動向をふまえ検討していくこととされました。[*14]

証明書や宣誓書受領書の効力

それでは、自治体が発行する証明書等にはどのような効力があるでしょうか。

これらの証明書等について、「法的効力はない」ということがよくいわれます。たしかに、婚

＊12　推進会議における議論の経過について下記のインタビュー記事がある。http://www.2chopo.com/article/detail?id=1517
＊13　最高裁判決平成19年3月8日（民集61巻2号518頁）。
＊14　渋谷区男女平等・多様性社会推進会議「男女平等と多様性を尊重する社会の推進に係る重要事項について（中間報告）」平成27年10月16日。中間報告は渋谷区のウェブ等で公表されていないが、エスムラルダ／ＫＩＲＡ『同性パートナーシップ証明、はじまりました』（ポット出版、２０１５年）に全文が収録されている。

姻した夫婦の場合、一方が死亡した場合に他方は、遺言がなくとも、法律上、常に相続人となります（民法890条）。そして、パートナーの財産を相続した場合の相続税は大幅に軽減されます（配偶者の税額軽減制度）。収入に対する所得税も、配偶者控除による優遇があります。また、婚姻中に生まれた子は二人の子と推定され、共同して親権者となることができます。

これらについては、男女の場合であっても、法律上婚姻した夫婦に限って認められるものとされていて、同性カップルでは、仮に自治体の証明書等があっても、行政の扱いは同様と考えざるを得ません。

◇男女では届出がなくとも認められる権利がある

他方、男女の内縁（事実婚）では、判例や法律の規定によって、いくつかの点で婚姻と同様の効力が認められています。

①不当な破棄に対する慰謝料請求権

たとえば、法律上の夫婦の一方が、正当な理由なく関係を一方的に破たんさせた場合、他方は相手方に対して慰謝料を請求できます。そして、内縁（事実婚）でも、正当な理由なく破棄した場合は損害賠償の義務があるというのが戦前からの裁判所の判例です。[*15]

②第三者に対する損害賠償請求権

また、第三者の不法行為によって一方が命を失った場合、他方は加害者に損害賠償請求ができますが（民法711条）、これも内縁（事実婚）にも準用されています。

③財産分与

さらに、法律上の夫婦が離婚する場合、共同生活の期間中に形成された財産がある場合は、形式上だれの名義となっているかとは関係なしに、分配を主張できることになっています。これが民法768条の財産分与制度です。裁判所は、たとえ妻が「専業主婦」であったとしても、夫が仕事をして収入を得たのは、本来二人で分担すべき家事労働を妻が分担することで可能となったと考えて、よほどのことがない限り妻にも2分の1の権利を認めるのです。そして、この財産分与は、内縁（事実婚）夫婦にも認められるとするのが判例です。[*15]

④住　居

法律婚の夫婦であれば、家が夫名義の状態で夫が死亡しても、妻は相続によって家の所有権を引き継いで住み続けることができます。これに対し、内縁（事実婚）夫婦で夫が死亡した場合、家の所有権は夫の親族が相続人として引き継ぐので、内縁の妻に対し「この家は自分のものになったから出て行け」と言う可能性があります。しかし、裁判所は、それは権利の濫用になり内縁の妻は出て行く必要がないという考えに立っています。[*16] 家が賃貸住宅だった場合も、遺された妻は、夫の親族が相続した賃借権を援用して家主に対して居住権を主張できます。[*17]

*15　大審院連合部判決 大正4年1月26日（民録21輯49頁）、最高裁第2小法廷判決昭和33年4月11日（民集12巻5号789頁）。
*16　最高裁第三小法廷判決 昭和39年10月13日（民集18巻8号1578頁）。
*17　最高裁第三小法廷判決昭和42年2月21日（民集21巻1号155頁）。

⑤社会保障給付

遺族年金などについては、法律に「婚姻の届出をしていないが、事実上婚姻関係と同様の事情にある者を含む」と明記してあって、事実婚でも支給対象となる場合が少なくありません（厚生年金保険法3条2項など）。

⑥DV防止法

「配偶者からの暴力の防止及び被害者の保護等に関する法律」（DV防止法）では、制定当初から保護命令の対象となる「配偶者」には、「婚姻の届出をしていないが事実上婚姻関係と同様の事情にある者を含」むとされていました。2013年の改正によって、内縁（事実婚）に至らない「生活の本拠を共にする交際」にも拡大されることとなりました（ただし、「婚姻関係における共同生活」であることが必要とされています）（28条の2）。

◇同性カップルが証明書等を取得したらどうなるか

このように、男女の内縁（事実婚）には、婚姻に準じた権利や保護が認められる場合がかなりあります。では、これが同性カップルだったらどうでしょうか。

残念ながら、現在のところ、そのような裁判例は見当たりません。*18 しかし、たとえば夫婦で財産分与請求権が認められるのは、二人が共同生活の中で築いた財産は、お互いに協力し合い支え合うという関係があったればこそ形成が可能だったのであり、預貯金であれ不動産であれ、名義はどうあれ、少なくとも二人の間では、共有として扱うのが実体にあっているし公平だからです。

裁判所は、この点で、婚姻届が出されているかどうかで区別する理由はないとして、内縁（事実婚）にも準用するのです。とすれば、同じことは、カップルが同性であったとしてもあてはまるはずです。

ましして、渋谷区であれ世田谷区であれ、証明書等を取得するためには、カップルの双方が平日の日中に公証役場や区役所に出頭し、世田谷区であれば「互いをその人生のパートナーとすることを宣誓し、署名」し、渋谷区の場合は、任意後見契約公正証書や共同生活に関する公正証書を作成します。共同生活の公正証書には、「お互いが愛情と信頼に基づく真摯な関係にあり、同居・協力・扶助の義務を負うことをうたう」ことになっています（渋谷区条例施行規則4条及び6条、世田谷区要綱3条）。ここまでの約束をして証明書等の発行を受けたカップルを、男女の内縁と差別する理由はないはずです。

これらの問題は、今後、チャレンジすべき課題ですが、少なくとも理論的には十分可能性があるはずです。自治体の発行する同性パートナー証明書等は、今後、同性カップルが新たな権利を獲得してゆく道具としても大きな可能性を秘めているのです。

証明書や宣誓受領証の果たす役割

◇病気やケガのとき

自治体のパートナーシップ制度で大いに期待されているのは、パートナーが病気やケガで入院

＊18　保護命令については、本書パート3を参照。

したときの役割です。

法律上の夫婦であれば、こんな場合には、患者に付き添って看病することは夫婦としての当然の権利であり義務でもあります。また、患者が自ら意思を表示できない場合、病状や治療方針の説明を受け、意見を言うのも配偶者をはじめ家族ですし、手術の際には同意書・承諾書へのサインを求められます。

自分で意思表示ができない患者について、近親者がかわって説明を受けたり治療に同意を与えたりするのは、近親者であれば、患者本人の意思をもっともよく代弁できるであろうことと（自己決定）、もっともよく患者本人の利益を考えて行動できるはずだ（最善の利益）、という点に根拠があるといわれています。[*19]

この点、パートナーシップ証明書等を取得しているカップルの場合には、そのパートナーが適任であることは疑いなく、仮に法律上の近親者がいて意見が食い違う場合でも、パートナーの意見を優先すべきはずです。日本公証人連合会が渋谷区の制度のスタートに際して全国の公証人に配布した文例案でも、希望により記載できる内容として、「入院時の付添い、面会謝絶時の面会、手術同意書への署名等を含む通常親族に与えられる権利の行使につき、本人の最近親の親族に優先する権利を付与する」という条項が示されています。[*20]

パートナーシップ証明書や宣誓受領証は、パートナーがこのような役割を果たす法律上の根拠を与え、医療機関側も簡便に、また安心して家族として扱うことができるようにする意味があります。

渋谷区の条例は、「区内の公共団体等の事業所及び事務所は、業務遂行に当たっては、区が行うパートナーシップ証明を十分に尊重し、公平かつ適切な対応をしなければならない」とあり（11条2項）、区内の医療機関も対象です。渋谷区と世田谷区は、積極的に区の医師会や区内医療機関に対し、証明書や宣誓受領書の趣旨を説明し医療現場で尊重されるよう要請を行っています。医療の場でも、同性パートナーを家族として扱う運用が広がり定着してゆくことと思われます。

◇住　居

同性カップルの場合、二人で住居を賃借しようとしても、関係を詮索されたり、賃貸人側から敬遠されたりして賃借がしにくいという現実があります。男女であれば、「夫です」「妻です」と説明すればそれで話が済んでしまうのと大きな違いです。

そこで、証明書や宣誓受領証がこのように「関係を一言で説明する」役割を果たすことが期待されます。渋谷区条例の「尊重」規定は、区内で賃貸業を営む大家さんや仲介業者に適用されます。実際にも、渋谷区と世田谷区は、制度のスタート後、区内の不動産業者の団体に対して、証明書等を尊重するように要請をしています。

渋谷区条例には、「区営住宅条例及び区民住宅条例その他区条例の規定の適用にあたっては、この条例の趣旨を尊重しなければならない」との定めがあり（16条）、法律上の夫婦と同様に扱われることになります。世田谷区も同様となるはずです。

＊19　永水裕子「治療方針の決定と家族」『年報医事法学』26号、2011年。
＊20「渋谷区パートナー証明　任意後見契約・合意契約公正証書作成の手引き」6頁、渋谷区男女平等・ダイバーシティセンター、2015年10月。

◇保険、商品やサービス

２０１５年11月、渋谷区と世田谷区の制度がスタートするのと前後して、いくつかの生命保険会社が、従来の運用を改め、同性パートナーでも生命保険の受取人となれるようにすることを発表しました。

もともと、同性パートナーが受取人となることには法律上の制限があったわけではありません。生命保険が「保険金殺人」などに悪用されることを嫌った保険会社の多くが、内規によって、受取人の範囲を親族に限定していたのです。従前も、一部の保険で同性カップルも受取人にできる運用がされていたようですが、当事者にしてみると、パートナーとの関係を説明せねばならない煩わしさがありました。法律家としては、遺言で受取人を指定（変更）することをアドバイスすることが多かったのです。

企業が提供する商品やサービスについて、証明書等を尊重して同性カップルが利用しやすくなることは、それ自体意味のあることですし、これがきっかけとなって、従前の扱いが見直され、証明書がなくても同様のサービスを受けられるようになることが望ましいことです。

◇家族として扱われる

結婚には、さまざまな法的・経済的な利益が結びつけられることに加え、パートナー相互のきずなを強めて人間関係を安定させ心理的満足をもたらすはたらきや、社会に二人の関係を公示して社会から認知・承認されるというはたらきがあります。専門家は「心理的・社会的利益」と呼んでいます[*21]（パート４の第２節も参照）。

自治体のパートナーシップ証明は、「自分たちの関係を家族として認めて欲しい」という切実な気持ちにこたえる意味を持っています。渋谷区や世田谷区が証明書等を発行することが発表されると、当事者も含め社会で大きな反響を呼んだ事実が、婚姻の心理的・社会的役割の大きさと、自治体の証明書が果たしうる役割を示しています。

◇社会へのメッセージ

パートナーシップ証明について定めた渋谷区の条例は、前文で、（渋谷区は）「人権尊重のまちとして発展してゆく」「男女の別を超えて多様な個人を尊重し合う社会の実現を図」ると言っています。本文では、男女の人権、性的少数者の人権の尊重される社会を推進することを区の責務とし、そのために、「性的少数者に対する社会的な偏見及び差別をなくし、性的少数者が、個人として尊重されること」「学校教育、生涯学習その他の教育の場において、性的少数者に対する理解を深め、当事者に対する具体的な対応を行う」「国際社会及び国内における性的少数者に対する理解を深めるための取組を積極的に理解し、推進する」といったことを明記しています。

事業者については、区の施策に協力し、「採用、待遇、昇進、賃金等における就業条件の整備において」「条例の趣旨を遵守」すること、「男女の別による、又は性的少数者であることによる一切の差別を行ってはならない」ことも規定しています（「事業者」とは、渋谷区内で事業活動を行う法人その他の団体または個人を指します）。

＊21　青山道夫、有地亨編『新版注釈民法』21巻、有斐閣、１９８９年、１７９頁。

世田谷区の「要綱」も、宣誓受領証の制度の前提として、「個人の尊厳を尊重し、多様性を認め合い、自分らしく暮らせる地域社会を築く」ことを制度の趣旨としてうたっています。自治体が同性パートナーシップ制度を実施することは、性的指向や性自認による差別が存在するという社会の現実、そして、それは解消してゆかねばならないというメッセージを社会に向けて発信するという大きな意味もあるのです。

パートナーシップ制度と同性婚

自治体の証明書等は、現状では、当該行政の及ぶ範囲の人しか利用できず、効力も法律上の婚姻と比べて限られていて、「同性婚」と呼べるものではありません。同性間の婚姻が認められないことが、国による最大の「差別」であることに変わりはありません。

それでも、同性パートナーシップ制度は、これまで述べたような効力と可能性を持っています。財産分与や社会保険、さらには、相続や税金について、たまたまパートナーが同性であるという理由だけで、男女と異なる扱いをされる合理的理由はありません。今後、証明書等を取得した人々の中から、これらの一つひとつの問題にチャレンジする人が出てくるでしょう。その取り組みは、そもそも同性間に婚姻を認めない不合理を論証することとも重なります。さらには、婚姻に限らず、およそ性的指向や性自認を理由に人を差別することに合理的理由がないことを証明することでもあります。

制度と行政が少しずつ変わる過程で、ますます多くの人々に、多様な性のあり方を持つ人々があたり前に社会に暮らし、さまざまな困難に直面していることが可視化され、人々の意識を変えてゆく地殻変動につながることが期待されます。

MY STORY

人を選んでしかカミングアウトできない現実。堂々と振る舞える日が来ることを願っています

柴村京子（仮名、20代）

自分は女性が好きなのかもしれない？

私が初めて、男性ではなく、女性が好きなのかもしれない、と気づいたのは中学生のときでした。修学旅行で北海道に行った3日間、仲の良い女の子とたくさんのツーショット写真をとり、隣に並ぶだけでドキドキし、ずっと一緒にいたいとそのような感情が芽生えていました。中学生なりに、「好き」だと思っていたのでしょう。しかし、自分の中でこの気持ちはなんなのだろう?という違和感は消えませんでした。周りの友人は、「彼氏ができたよ、デートしたんだよ」という恋愛話で盛り上がる中、「なぜ、私は、男性ではなく、女性にドキドキしてしまうのだろう……」と、中学生ながら、自分自身が周りの人と異なることに悩み、だれにも相談することもできず、モヤモヤした時期を過ごしていました。

男性との交際

高校生になり、女性を好きになってしまう自分を自分で正すために、初めて男性とお付き合いをしてみました。周りの友人が、男性と交際しているのを見て、「私も早く彼氏作らなきゃ、みんなから遅れをとってしまう……」と思ってもいました。今考えると、みんなと同じことをしなければ…。早く直さなければ……。と、そんな気持ちだったのだろうと思います。しかし、付き合ってはみたものの、男性に対して、「好き」という感情が芽生えることはありませんでした。あくまでも友人としか考えられず、「ドキドキする、触れたい」という気持ちにはならなかったのです。

レズビアンだと知って……

私は、当初、「同性しか好きになることができない自分は変だ」と認識していました。しかし、テレビで、「私は男性ですが、男性が好きなんです！」と堂々と発言をした芸能人を見て、同性を好きになる人が存在することを知り、自分も同性愛者なのかもしれないと思うようになりました。インターネットやテレビ、雑誌等で、同性愛者の記載がある資料を調べ、初めて、「私は、レズビアンなのかもしれない」と認識したのです。そのときの気持ちが、とても晴れ晴れしかったのをいまでも覚えています。私以外にも、同じことで悩んでいる人が存在するんだということがわかり、とてもうれしかったですし、自分が変だと思っていた「同性を好きになる自分」が何者あるのかわかった瞬間でもありました。

ただ、それと同時に、将来、「結婚はできないんだな」と諦めた瞬間でもありました。今の日本では、男性と女性のカップルしか結婚を認められてもらえず、女性として女性が好きな私は、大好きな人と結婚をし、家庭を持つことは許されないのだと思いました。

初めての交際

私が、初めて交際をした女性は、インターネットで知り合った年上のレズビアンの女性でした。インターネットでの出会いは、少し怖かったですが、実際会って話してみると、とても楽しく、趣味の話で大いに盛り上がり、時間があっという間に過ぎてしまいました。毎日電話やメールをし、映画を見たり、料理を作ったり、ディズニーランドへ行ったりと、たくさんのデートを重ね、私から「好き」という気持ちを彼女に伝えました。彼女はとても照れていましたが、「私も好きだよ」と言ってくれ、交際をスタートさせることができました。

しばらくの間は、男女のカップルと同じようにデートをしており、とても幸せでしたが、その後わずか1年で振られてしまいました。彼女は、結婚に強い憧れを持っており、付き合っているときから、「女性どうしや男性どうしでどうして結婚ができないのだろう」「結婚ができないなら、別れた方がいいのかな……」と悩んでいたので、結婚ができず将来が見えない関係に満足できなかったのだと思います。彼女は、私と別れる際、「あなたと付き合っていても、将来が見えない。結婚もできないし、両親にどのように説明をすればいいのかわからない」と泣きながら言っていました。私は別れたくなかったですが、彼女の悩みをいくら努力しても解決することはできないと感じ、別れを切り出した彼女に、何も言うこともできず、別れることに同意するしかありませんでした。

私の中で、「なぜ同性どうしの結婚が認められないのだろう……」という思いが強くなった瞬間でしたし、「同性どうしの結婚ができないから別れる」という点に不合理さを感じ、とてもつらく悲しい気持ちになりました。

そんな彼女が私と別れてすぐ男性と結婚したと聞いたときは、とてもやるせない気持ちになりましたが、彼女が幸せであれば別れて正解だったのだと感じました。

初めてのカミングアウト、友人や先輩からの拒絶

初めてカミングアウトをした相手は、大学時代の親友でした。その親友は戸惑いながらも、「変ではないよ、別にいいんじゃない?」と言ってくれ、心が救われたような気がしました。こんな自分でもいいんだとうれしくなりましたし、堂々と生きてもいいんじゃないか、とも思いました。

しかし、私を受け入れてくれた友人がいた一方、すべての人間が、受け入れてくれるわけではないことを痛感する出来事がありました。別の友人に、自分のセクシュアリティを話したところ、「気持ち悪い、どういうこと?」と拒絶反応を示され、それ以降、口も聞いてくれない状態になりました。私はとてもショックでしたが、「私は、みんなと違う

し、みんなを基準にすれば変なことだし……仕方ないのかな」と、思い込むことにしました。そして、「女の子を好きになるのは間違っていた。新しい彼氏作ろうと思っているよ」と、その友人に告げることにしたのです。その友人は、「元に戻ってよかった、病気になったのかと思った」と言っていましたが、自分のセクシュアリティを否定した瞬間であり、今でもなぜそのような言葉を友人に告げたのか後悔しています。しかし、このときは、この友人を失いたくなかったのです。

また、尊敬する大学の先輩からは「それは、遺伝子の異常だよ」と言われました。尊敬していた先輩から「異常だ」と表現されたことに対して、とても苦しく悲しく、すぐにでも、その場を離れたい気持ちになりました。今でもその発言の瞬間は忘れられませんし、先輩と会う際は、なぜか涙が出そうになります。また「異常だ」と言われるかもしれない恐怖と、レズビアンであることを変えることはできない悲しさからくる涙なのかもしれません。理解してくれる人もいる中で、理解してくれない人も大勢いるのだと、あらためて認識しましたし、気軽に話すような問題でもないということがわかりました。

年上の彼女から振られた際も、だれにも自分の気持ちを相談することはできませんでした。自分のセクシュアリティを他人に話すことが、怖かったのです。

同性愛者であることを隠して生きること

拒絶した友人や先輩の出来事もあり、カミングアウトするかしないかは、とても慎重になりました。いくら仲が良くても、恋愛の話になると、「男性を好きな自分」「異性を好きな自分」として振る舞うようにしています。好きなタイプを聞かれれば、男性が好きであることを前提とした回答をします。自分自身のセクシュアリティに嘘をつくのです。当初、嘘をつかなければならない環境は苦痛でしたが、嘘をつくことに慣れてしまいました。嘘をついた方が、自分が傷つくことはありません。

また、私のセクシュアリティを両親や兄弟に話すことはできていません。私の両親は、自分の娘が同性愛者だと知れば、ショックを受け悩んでしまうと思います。私が両親にカミングアウトすることで、両親を傷つけたくありません。

好きな人と結婚ができない現実

私の両親は、私がいつ結婚をし、いつ子どもを産み、どのような家庭を築くのか、とても楽しみにしています。しかし、私は好きな人と結婚することができません。今の日本の法律では、同性婚が認められていないからです。同性婚が認められていない日本ですので、両親が私の結婚相手として想像する人は当然男性であり、男性と家庭を築くことになると信じて疑いません。両親に「彼氏はいないのか」と聞かれるたび、心が苦しくなります。そもそも、同性を好きになる人間がいること、同性と結婚をしたいと願う人がいること、同性と家庭を築きたいと思う人がいることを、今の日本の法律は認めていません。

パートナーを好きな気持ちは男性と女性のカップルとまったく同じです。何の違いもありません。しかし、今の日本社会は大好きな人と結婚をすることを許してくれないのです。

同性婚法制化の意味

今の日本は、セクシュアル・マイノリティの存在がメディアや報道のおかげで、少しずつ広まってきていると思います。日本で同性婚が認められれば、私の両親に自分のセクシュアリティを隠すことなく正直に話せる日がくると思います。法律で同性婚を認めるということは、セクシュアル・マイノリティの存在を法律が認めたことになり、両親もレズビアンの私を受け入れやすいのではないかと思うからです。

また、同性婚が認められれば、私は好きな人と結婚をしたいと思います。好きな人と家庭を築き、堂々と二人で生きていくことを、社会に受け入れてほしいのです。そんな日が来れば、こんなにもうれしいことはないと思います。

PART 5

世界にひろがる同性婚
日本との違いはどこにあるのか

同性カップルの結婚を認めている国や地域は増え続けています。一方でまだ死刑や禁固刑など刑罰の対象となる国や地域もあります。世界の現状とこれまでの道のり、そして日本のこれからを考えます。

「同性婚」の意味

いま世界のいろいろな国で女性どうし、男性どうしのカップルが結婚できるようになっています。たとえば、2015年だけを振り返っても、次のようなできごとがありました。アメリカの連邦最高裁判所が同性どうしの結婚の禁止を人権侵害と認定したため、全米で同性婚ができることになりました。カトリック教徒が多くを占めるアイルランドでは、国民投票によって憲法が改正され、同性婚が認められました。ルクセンブルクのベッテル首相が同性のパートナーと結婚したことも話題になりました。

ところで、同性婚という言葉にはどういう意味が込められているでしょうか。一般に、同性婚という言葉からは、親しい関係にある同じ性別の二人が思い浮かびます。ただ、同性婚といった場合、実はそこでいわれている内容は必ずしも一致しているわけではありません。法律上の結婚をすること、結婚に近い身分登録制度を利用していること、生活関係について締結した契約のこと、地方自治体による関係性の承認、結婚式場や宗教施設であげる結婚式、法律とは無関係に営まれる二人の共同生活、カップルの一方または双方が性別を変更した場合など、それぞれの状況が同性婚という言葉で表現されています。東京都の渋谷区と世田谷区で同性どうしの関係性を結婚相当と認める手続きが開始されたときにも、「日本初の同性婚」といった報道もみられました。この言葉使いは、少し正確さに欠けるところがあります。

そこで、まず同性婚という言葉の意味を整理してみましょう。ちなみに、渋谷区や世田谷区の手続きが厳密には同性婚といえないのは、それが国家ではなく地方自治体の制度だからです。結婚や家族に関する法律は、ほとんどの場合、国単位で作られます（連邦制をとるアメリカのような国では州ごとに決められています）。日本でも、結婚や家族については民法に書かれています。同性婚が同じ性別の二人の親しい関係を対象とする法制度であると想定すれば、国レベルの制度としての同性婚は、大きく三つに分類することができます。一つめに、事実婚的な保護を同性どうしにも拡大するもの、二つめに、同性どうしでも利用可能な新しい制度を構築するもの、そして、三つめに、婚姻それ自体を同性どうしに認めるものです。

(1) 同性どうしの事実婚（de facto marriage）の保護

一つめは、これまで異性どうしのカップルに認められてきた法的利益を、同性どうしにも適用するものです。婚姻届を出さないけれども結婚している関係と同じものとして扱われるのが事実婚（de facto marriage）という関係性です。事実婚は異性どうしの関係性が暗黙の前提とされていたのですが、そもそも婚姻と同じような共同生活を営んでいる状況は、同性どうしでも大差ありません。日常の共同生活から生じる不利益や必要な法的保護も似通っています。そこで、異性どうしの事実婚に認められている法的保障が同性どうしにも拡大されてきました。いうなれば、同性どうしの事実婚の保護です。共同生活を送っている相手の性別を問わず、必要なところに必要なだけ、個別に法律上の保護を与える考え方です。国によって形はさまざまですが、事実婚に特化した法律を作ったり、法律の中に事実婚への適用を書き込む方法、また、裁判の積み重ねによって徐々に認めていく形があります。スウェーデンのサンボ（同棲）法やフランスのコンキュビナージュ（内縁）規定などがその代表例です。

(2) 同性婚（same-sex marriage）の法整備

ふたつめの分類は、同性どうしのカップルに結婚とは別の形の法律を作るものです。同性どうしに向けられた新しい結婚の形という意味では、これが狭い意味での同性婚（same-sex marriage）にあたります。結婚とほとんど同じように扱われますが、子どもに関係する部分は別に議論されることが多いのも特徴です。異性カップルの結婚をまねて作られてきたもので、同性どうしのカップルが利用できます。1989年にデンマークで施行された登録パートナーシップ制度や2001年のドイツの生活パートナー関係法などがその代表例です。オランダのように、同性どうしのカップルだけでなく、異性どうしでも結婚まで望んでいないカップルが利用できる国もあります。フランスで1999年に制定された民事連帯協約（パクス）も、同性どうし、異性どうしを問わず利用することができます。パクスには、カップルとしての法的・社会的位置づけより、二人の共同生活の合意事項そのものが国に登録されるという特徴があります。事実婚としての保護に比べれば、より結婚に近い形で制度が作られているため、安定感のある制度といえます。

(3) 平等な婚姻（marriage equality, equal marriage）の実現

ふたつめの分類を経験した国は、一つの疑問に直面します。同性どうしのカップルは異性どうしのカップルと同じような生活を営んでいるからこそ、そこから生じる問題を解決してきたのが、さきほどの事実婚や同性婚の制度でした。では、なぜそれは結婚と別の形でなければならな

いのでしょうか。結婚そのものを認めてはいけないのでしょうか。2001年にオランダが一つの結論に達しました。婚姻を「性別にかかわらず二人の間で結ばれる法的な関係性」と定義し直し、異性どうしだけでなく同性どうしでも結婚できるようにしたのです。同性婚が認められた、のではなく、婚姻が性的指向にかかわらず等しく認められた（marriage equality）ことになります。結婚にはこれまでも、異人種間の結婚禁止、階級や国籍による制限などがありましたが、いずれも平等や人権の視点から制限は撤廃されてきました。この歴史に、性的指向にもとづく結婚の制限の撤廃が加えられたことになります。これから何世代か後の世界では、現在わたしたちが認識している結婚が異性婚（different-sex marriage）という限定的なものであったと語られているかもしれません。

同性婚への道のり

国レベルで認められている同性婚には、大きく三つの分類があることを説明してきました。日本では、地方自治体での取り組みが少しずつ始まっていますが、国レベルでの議論はまだ活発になっていません。では、同性婚の制度を導入してきた国は、どのような経緯をたどってきたのでしょうか。そこには何か日本との違いがあるのでしょうか。同性婚の制度をもつヨーロッパの国の多くは、次のような三つの段階を経験してきました。

(1) ソドミー法の廃止（de-criminalization）

最初が「ソドミー法の廃止」という段階です。ソドミー法というのは、同性どうしの性的な関係性に対して刑罰を科す法律の規定を総称したものです（単体の法律ではありません）。子どもを産むことに直接かかわらない性的な行動を禁忌する宗教の考え方にもとづく刑罰規定で、キリスト教やイスラームの教えの一つでもあります。これに対して、人権の考え方が浸透してくると、性的な行動という個人のプライベートな領域に国が刑罰をもって介入することは不当だといわれるようになりました。１９９０年代から国連も加盟国に対してソドミー法の撤廃を求めるようになってきています。

(2) 性的指向にもとづく差別の禁止（non-discrimination）

次の段階が「性的指向にもとづく差別の禁止」です。人権の基本理念の一つは、人は生まれながらにして自由かつ平等であることです（世界人権宣言1条）。人種や皮膚の色、国籍、性別、出身地、職業など、人にはいろいろな属性がついて回ります。これらの違いや特徴だけを理由に人を不当に差別してはならない、というのが人権保障の根幹です。好きになる対象を性別で区分する性的指向（sexual orientation）という概念もまた、人の属性の一つにすぎません。ところが、雇用などの労働分野、学校教育や医療の現場、行政機関の対応など、日常生活から社会活動に至るまで、性的指向が同性に向いている人々は、いろいろな困難に直面しています。この状況を打開するために、国レベルで制定されている人権の擁護や差別の禁止に関する法律に、「性的指向」という言葉が盛り込まれるようになってきました。明確に書かれていなくても、「性別」や「社会的地位」にもとづく差別に含まれるという解釈も裁判例などで用いられています。労働や社会保障などの個別の法分野や裁判所の判決の積み重ねによって、性的指向にもとづく差別を禁止する方向へ少しずつ動いていく国は増加しています。

(3) 同性どうしの関係性の法的承認（legal recognition）

これらの段階を経て、ようやく同性どうしの関係性の法的承認へと至ります。国レベルの制度が作られる前に、民間企業や地方自治体が同性どうしのカップルを結婚相当の関係として処遇する実践を積み重ねてきた国もあります。その後、婚姻許可証の発給や婚姻届の不受理をめぐる裁判闘争や当事者らによる権利保障要求の活動などを通して、国レベルの検討が始まるというプロセスです。先に述べた同性婚の三つの類型は、歴史的な順序としても妥当します。すなわち、同性どうしの関係性が、まず、事実婚の概念に取り込まれ、より明確な保護対象として同性婚の制度ができあがり、そこに含まれる不平等性への疑問から平等な婚姻が実現していくのです。もちろん、国によって順序や時期はまちまちですが、平等な婚姻への道のりが一歩一歩、着実に進んでいることがわかります。

同性婚の賛否論

(1) 根強い反対論

平等な婚姻への道のりは、決して平坦なものではありません。とくに宗教にもとづく考え方や歴史的・伝統的な価値観にもとづく反対論は根強いものがあります。ソドミー法のところでも触れたように、それらの反対論の多くはキリスト教やイスラームの教えに由来しています。世界三大宗教といわれるとおり、同性婚の議論が始まるや否や、宗教を基盤とする反対派の論陣は世界的な連帯をもって活動を開始します。ただし、信教の自由が人権として認められている今日では、宗教のみに依拠する主張は少なくなっています。そこで用いられるのが、歴史や伝統にもとづく価値観や家族像、家族の絆の大切さ、次世代再生産の重要性、倫理的な問題などです。歴史学や社会学の学問領域からみれば、それらの主張は容易に覆せます。ただ、史実や科学的論証を意に介さない反対派も多く、対立の溝は埋まる気配がありません。

(2) 賛成だけど反対

それでは、同性婚に賛成する立場の人々は常に一致した意見をもっているでしょうか。答えは、同性婚という言葉で示される内容が一律ではないことからもわかるように、いろいろな点で意見が異なります。たとえば、同性の相手と暮らす人々は、常に最終形態としての婚姻の平等化を求めているわけではありません。婚姻という制度や言葉そのものに抵抗感がある人もいます。差別禁止の項目に性的指向という言葉を挿入することにも議論があります。そもそも性的指向とは何か、法律上の用語になった瞬間に内容が固定化されてしまわないか、といった懸念です。

また、同性どうしの間では少なくとも生物学的に二人の子どもを持てないという事実が、子どもをもつ潜在的な可能性のある異性どうしの関係性とは決定的に違うことを理由に、法的に完全な平等を達成することに異を唱える立場もあります。さらには、国レベルでの制度を作る段階に至っても、そこで使用する言葉も争点になります。婚姻だけでなく、家族、夫婦、配偶者、伴侶、連れ合い、パートナーなど、これまで当たり前に用いてきた言葉の再定義が迫られるのです。性別変更という事情を挟んだときにだれが同性となるか、という点には十分な注意が必要です。こういった制度や用語の選択に関する議論では、法制度のもつ意義への認識が浮き彫りになります。社会一般ではいまだ「結婚をして一人前」という考え方が根強くあります。これは婚姻が単なる福祉や社会保障、経済的な利益の問題だけでないこと、いいかえれば、社会的な承認のために作用していることを示しています。そうすると、そもそも婚姻が認められていない同性どうしの関係性は、反射的に、社会的に承認されえない関係性へとおとしめられてしまいます。二流市民化（second class citizen）、すなわち同性カップルは「フツウ」ではなく、婚姻関係には入れない劣った関係性であるとの認識です。だからこそ、国レベルで同性どうしの関係性を公的に承認することはきわめて重要な意義があります。渋谷区や世田谷区の事例は地方自治体の取り組みであって、それぞれ法的に強い拘束力をもつものではありません。それでもなお、この取り組みが評価されるのは、具体的な利益の解消だけでなく、象徴的な意味において同性カップルの社会的地位の向上に資するものだからです。

(3)「同性婚」の是非は何を問いかけているか

もちろん、いまある婚姻の制度に組み込まれることについては、当事者からも反発がありま す。とくに事実婚やシングルでの生活を意識的に選択している人々の状況を考えれば、なぜいまのような問題の多い婚姻制度を使うのか、という疑問がわいてきます。「同性婚」を要求するこ

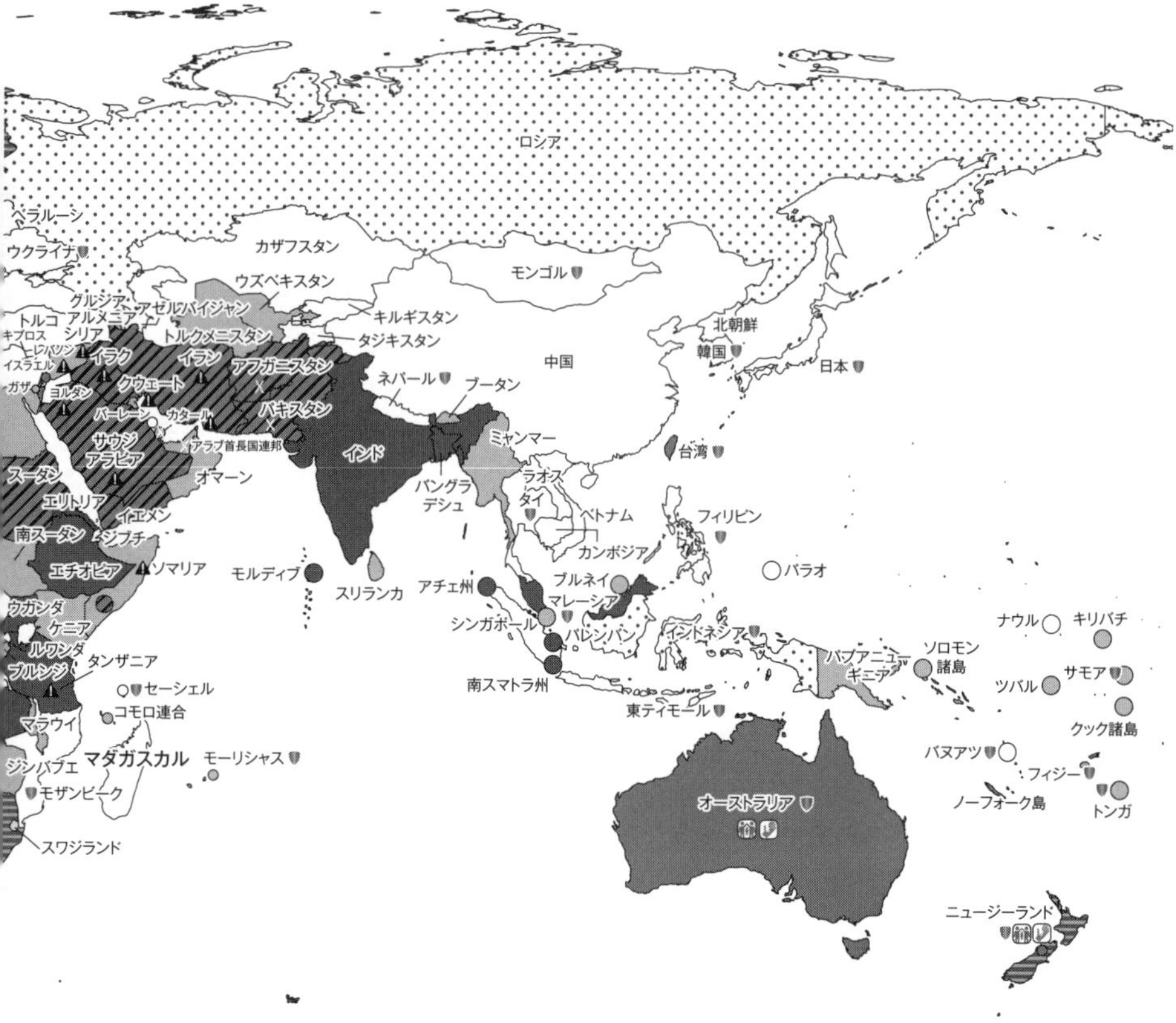

■ 保護 85カ国

多数の国が重層的に保護

憲法	9カ国
雇用	72カ国
その他	63カ国
憎悪犯罪	43カ国
憎悪扇動	39カ国
"転向治療"禁止	3カ国

■ 承認 47カ国

少数の国が婚姻・パートナーシップを規定

婚姻	22カ国	共同養子縁組	26カ国
パートナーシップ	28カ国	連れ子養子縁組	27カ国

本地図に示されたデータは、Aengus CarrollとLucas Ramon Mendos によるILGA報告書「国家が支援する同性愛嫌悪：性的指向と法の世界調査—犯罪・保護・承認」にもとづく。報告書と地図はILGA.orgにて国連公用語の6言語（英・中・アラビア・仏・露・西）で利用可能である。本世界地図（2017年5月バージョン）は、Aengus CarrollとLucas Ramon Mendosが共同執筆し、Eduardo Enoki（edurdo.enoki@gmail.com）が作図した。

性的指向と法に関する世界地図（全体像）

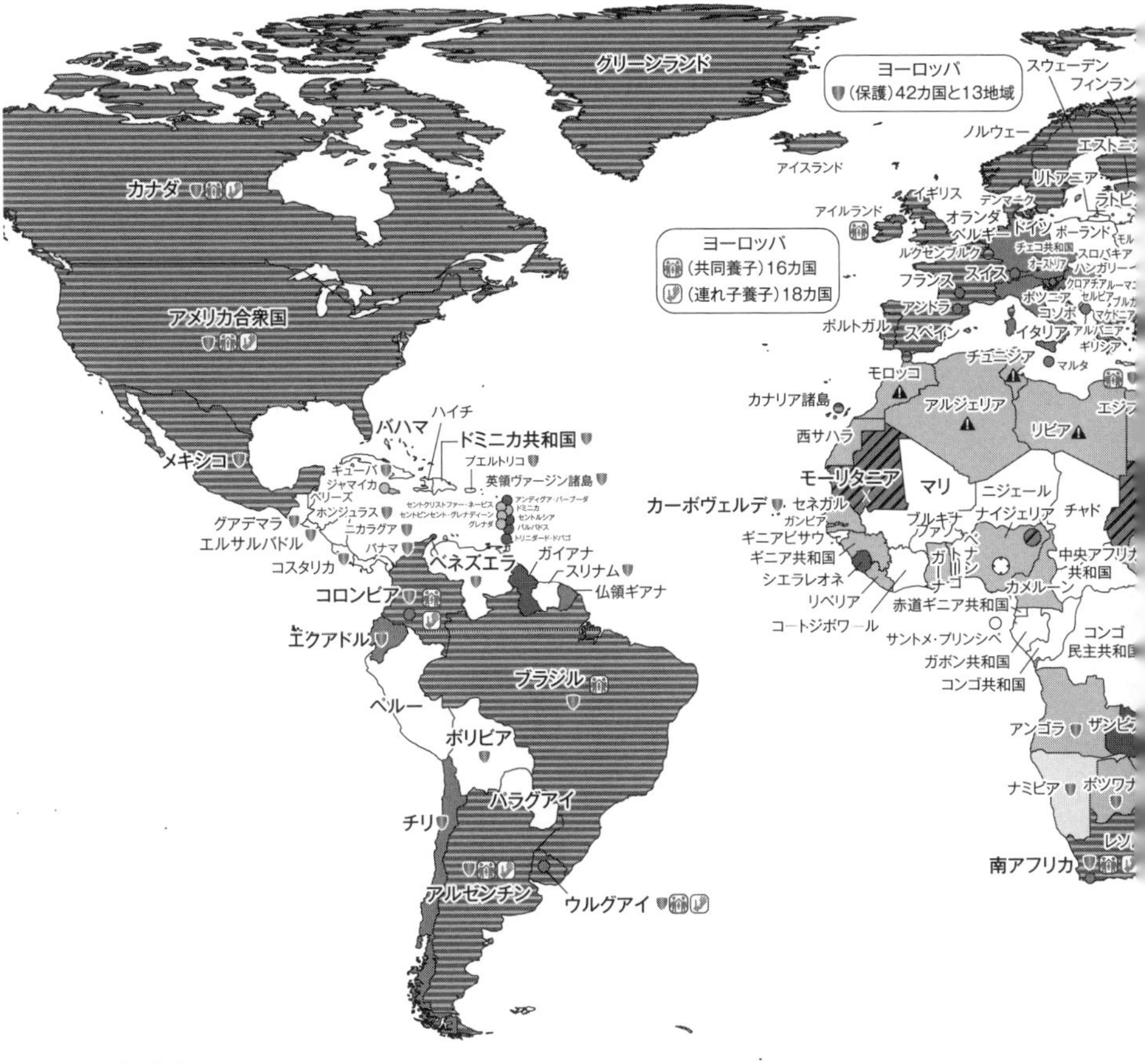

■ **犯罪** 72カ国

死刑
- 8カ国は執行あり
- X 5カ国は執行なし

⚠ 民法と宗教法の併存：19カ国

- 14年〜終身刑　14カ国
- 14年未満　57カ国
- “促進”法　3カ国
- 処罰法なし

承認の47カ国などを含む　123カ国

出典：ILGA（国際レズビアン・ゲイ・バイセクシュアル・トランス・インターセックス協会）。2017年5月現在

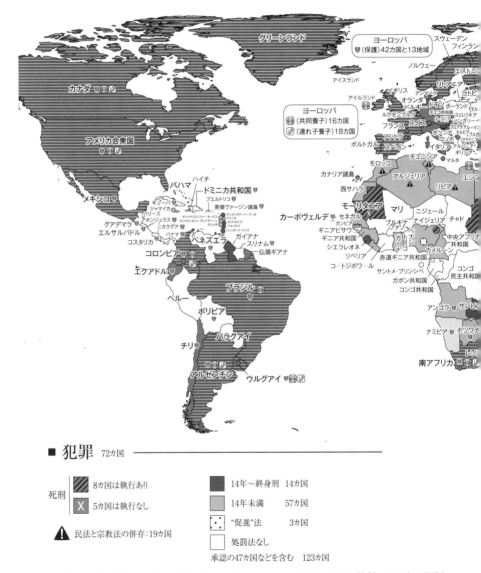

とは、いまの社会がもつ暗黙のルール、すなわち、家族の中心は男性であって、女性は結婚して子どもを産み育てることが人として真っ当な道だ、という考え方を図らずも前提としてしまいます。専門的には異性愛（家族）規範といわれますが、国レベルの婚姻制度は、まさにこの規範にもとづいて構成されているからです。

ただし、そういった疑問は、同性婚を認めるかどうかにかかわらず、成り立つものです。いいかえれば、現行の婚姻制度そのもののもつ問題点である、ということを確認しておきたいと思います。問われているのは、婚姻が一人の男性と一人の女性、そしてその間に生まれる子どもが正しい、当たり前だ、という観念に、法律がお墨付きを与え続けることの是非です。同性婚を認めるかどうかは、裏を返せば、婚姻を「異性婚」に限定しておくことへの問いかけともとらえられます。

日本はこれからどうするのか

(1) 日本の特徴

前にも触れたとおり、日本のいくつかの自治体では、同性どうしのパートナーシップを公的に証明する取り組みが始まっています。ただ、世界を見渡してみると、日本と同じくらい経済発展が進んでいる国々の中で、国レベルの「同性婚」が存在しないのは日本だけです。他の国々では、１９８０年代後半から法律ができあがっています。なぜ日本は国レベルでの取り組みが始まっていないのでしょうか。

この問題に対して、一つの答えを導き出すことはできません。法律が作られたり、改正されたりする原因は、そのときの政治状況や国会の勢力図、経済や財政の状況、歴史的な背景、各政党の考え方、他の案件との優先順位、他国や国際社会のまなざしなどさまざまです。したがって、諸外国で同性婚が成立していて、日本では成立していないから、日本が「遅れている」と結論づけることは慎重にならなければなりません。とくに諸外国が経験してきた同性婚までの3段階の道のりと比較すると、問題の複雑さが理解できます。

まず、1段階目のソドミー法。日本にはこの法律が存在しません。性的指向に関係する法律問題の中で、多くの国が最初に立ち向かっていった大きな壁がないのです。同性を好きになることは犯罪ではなかったため、他国が経てきた権利獲得運動の最初のステップを踏み出せていません。

2段階目の差別禁止の文脈への位置づけについても、特徴があります。ほとんどの国では、人権の尊重や差別の禁止は、国レベルで明確かつ独立した法律があって、人権侵害や差別的取扱いを救済する手段も存在しています。ところが、日本にはそういった独立した法律や特定の救済手段がありません。憲法に差別禁止の条文もありますが、とても漠然としていて、何が差別なのかあいまいです。差別を扱う個別の法律は女性の雇用と障がい者の分野くらいしかなく、人権侵害を救済する独立した機関もありません。このため、差別禁止の文脈に性的指向を盛り込もうとしても、そもそも、盛り込む場所が存在しないのです。日本で「同性婚」が実現していない原因については、このような独特の背景を理解しておくことも必要です。

(2) 世界からみた日本の現状

では、日本で国レベルの同性婚が実現していないことについて、世界はどう見ているのでしょうか。国連の自由権規約委員会は、2008年と2014年の2度にわたり、日本の人権状況を審査する中で、同性カップルへの法的保障が何もない現状について、公営住宅法やDV防止法を例にあげながら、政府に改善を要請しました。2016年2月に開かれた女性差別撤廃委員会の日本審査でも、同性カップルが法的な位置づけを与えられていないことについて、委員から懸念が表明されています。また、国連人権理事会での日本の人権状況の審査では、いくつかの国から、性的指向に関する法整備の遅れを指摘されています。性的指向や性自認については、2011年ごろから国連を中心として、国際社会の重要な人権問題の一つとして位置づけられるようになりました。日本ももちろんこの流れには賛同しています。日本の憲法の前文には「国際社会において、名誉ある地位を占めたい」との言葉があります。「同性婚」を含めた法整備を早急に実現することは、その誓いの真の実現に向けた一歩となることでしょう。

付録

同性婚を憲法上の権利として確立した米国最高裁判決

米国最高裁判決までの道のり

２０１５年6月26日、アメリカ合衆国連邦最高裁判所は、州が同性婚を禁止することは、合衆国憲法に反するとの判決を下しました。本書では、付録として、この判決の要旨と法廷意見の日本語訳を掲載します。なお、紙幅の関係から反対意見については割愛します。この判決を紹介するにあたって、導入としてこの判決が出るまでの流れを簡単に説明します。

◇連邦法と州法

アメリカは連邦制を採用しており、連邦議会が制定する連邦法と、各州の議会が制定する州法があります。連邦法が定めることができる事項は、合衆国憲法によって限定されています。それ以外の事項については、各州が独自に決めます。婚姻に関する法律は、各州が独自に決める事項とされています。アメリカにおいて、同性婚が認められる州と認められない州があったのはそのためです。

◇１９７０年代

アメリカにおける同性婚をめぐる訴訟は、１９７０年代から行われていました。ミネソタ州のベーカー対ネルソン事件、ケンタッキー州のジョーンズ対ハラハン事件、ワシントン州のシンガー対ハラ事件で、同性婚を求める訴訟が提起されました。しかし当時の裁判所は、婚姻とは「男性と女性の結合」を意味するため、同性カップルが婚姻できないのは当然であるとして、同性婚を認めないことは問題ないと判断しました。

◇1990年代

1990年代に入り、ある転機となる判決が出ました。1993年、ハワイ州のベアー対ルーウィン事件において、ハワイ州最高裁判所は、同性婚を認めないハワイ州の法律は、平等権修正条項に違反すると推定されるとの判断を示しました。この判決を契機に、アメリカにおいて同性婚を求める運動が高まりました。他方、その反動として、同性婚反対の勢力の動きも活発化することになりました。これ以降、アメリカの各州において、司法と立法において、同性婚推進派と同性婚反対派が多くの戦いを繰り広げていきます。

◇DOMAの制定

同性婚反対派の一つの成果が、1996年に連邦議会で制定された婚姻防衛法（Defense of Marriage Act、以下、「DOMA」とします）です。DOMAの内容は、①連邦法において「婚姻」「配偶者」の定義を異性カップルに限定し、②ある州で同性婚が認められても、他の州はそれを認める義務はないというものでした。すでに説明したように、アメリカにおいては、婚姻の成立要件やその法的効果、手続きなどについては、連邦法の管轄ではなく、各州の管轄です。そのため、DOMA自体は同性婚を禁止する法律ではありません。しかし、連邦法の管轄である健康保険、年金、相続等において、同性の配偶者は権利が認められないことになりました。

◇2000年代同性婚を認める州の登場

ＤＯＭＡの制定の前後、多くの州が同性婚を禁止する方向に向かいました。しかし、同性婚を求める動きは止まらず、２０００年代に入り、いくつかの州で同性婚が実現されました。２００３年のマサチューセッツ州、２００８年のコネチカット州、２００９年のアイオワ州では、州最高裁の違憲判決を契機に、同性婚が実現されました。これらの成果は、同性婚を求める当事者が訴訟を提起することによって実現されました。２００９年のバーモント州及びニューハンプシャー州、２０１０年のワシントンＤＣ、２０１１年のニューヨーク州では同性婚を認める法改正がなされました。司法だけではなく立法においても同性婚を認める州が増えたことは、同性婚を求める動きが当事者以外にも広がったことを示すものです。

◇プロポジション8

同性婚推進派と同性婚反対派の熾烈な攻防の代表例として、カリフォルニア州の戦いを紹介します。２０００年、カリフォルニア州では、婚姻を異性間に限定する内容の州民発案の立法案「プロポジション22」が提出され、州民投票で成立しました。これに対して、同性婚推進派による訴訟が提起されて、２００８年5月、州最高裁判所は「プロポジション22」を違憲とする判断を下しました。しかし、同性婚反対派は、婚姻を異性間に限定する内容の州民発案の州憲法修正案「プロポジション8」を提出しました。同年11月、「プロポジション8」は州民投票において僅差で可決されました。

同性婚推進派は、「プロポジション8」は合衆国憲法に違反するとして、連邦裁判所に訴訟を提起しました。2010年8月、連邦地裁は、「プロポジション8」は違憲であると判断しました。州側は連邦地裁の判決を受け入れて控訴を断念しました。しかし、「プロポジション8」を提案した団体が州の代わりに被告として訴訟参加を申し出ました。この訴訟参加は認められるものの、控訴審は連邦地裁の判決を支持しました。連邦最高裁に上告されたものの、2013年6月26日、連邦最高裁は、「プロポジション8」を提案した団体には、当事者適格がないとして上告を却下しました。それにより「プロポジション8」を違憲とする判決が確定しました。

「プロポジション8」を巡る戦いは、ドキュメンタリー映画「ジェンダー・マリアージュ」に詳しく描かれているので、興味のある方はそちらをご覧ください。

◇DOMA違憲判決

同じ日である2013年6月26日、連邦最高裁は、米国対ウィンザー事件において、DOMAを違憲と判断しました。原告は、ニューヨーク州在住で、同性婚をしていました。原告は、パートナーが死亡した際に、配偶者であれば免除となる連邦遺産税をDOMA3条（婚姻を異性間に限定する旨の条文）によって課せられました。そこで、原告は納付した税の返還を求めて訴訟を提起しました。連邦最高裁は、5対4の僅差でDOMA3条は違憲であるとする連邦控訴裁判所の判決を支持しました。その理由として、①州によって婚姻と認められているものを連邦が否定し、その価値を損なっていること、②DOMAによって、同性婚の当事者が健康保険、破産法、税法などで不利益を受けていること、③同性婚家庭の子どもが、他の家族として差別されていることなどを挙げていました。

この連邦最高裁違憲判決は、州が同性婚を認めている場合、連邦が同性婚と異性婚を差別してはいけないということを示しています。したがって、同性婚をする権利を連邦最高裁が認めたわけではありません。そのため、同性婚が禁止されている州においては、この判決があっても、同性婚ができるようになったわけではありません。なお、同性婚を禁止していたカリフォルニア州において、連邦最高裁は「プロポジション8」を違憲とする判決について実質的な判断を示していないため、連邦最高裁が同性婚を禁止すること自体についてどのように考えていたかは明らかになりませんでした。

◇オーバーガフェル対ホッジ事件

このように、2013年の連邦最高裁の二つの判決では、アメリカにおける同性婚を巡る攻防に決着はつきませんでした。そこで、同性婚推進派は、同性婚を異性間に限定し、同性婚が認められていないミシガン州、ケンタッキー州、オハイオ州、テネシー州で訴訟を提起し、同性婚を認めないことは合衆国憲法修正14条に反すると主張しました。それぞれの州の連邦地裁において同性婚推進派は勝訴しました。しかし、連邦控訴裁判所は、各州の事件を併合したうえで、逆転敗訴判決を下しました。そこで同性婚推進派は同性婚を認めないことが合衆国憲法に反するか否かの判断を求めて、連邦最高裁に上告しました。連邦最高裁は、同性婚を禁止することは、合衆国憲法修正14条に違反するとの判決を下しました。これにより、アメリカ全土において同性婚が容認されることになりました。

それでは、次頁から、この判決の要旨と法廷意見の日本語訳を掲載します。

同性婚を憲法上の権利として確立した米国最高裁判決の判決要旨

オーバーガフェル（OBERGEFELL）他　対　オハイオ州保健省大臣ホッジ（HODGES）他

第六巡回区連邦控訴裁判所に対する裁量上告受理命令に基づく

No. 14－556　口頭弁論期日2015年4月28日――判決期日2015年6月26日＊

ミシガン州、ケンタッキー州、オハイオ州及びテネシー州は、婚姻を一人の男性と一人の女性との間の結合と定義する。上告人ら、14組の同性カップルとその同性パートナーが死亡した2名の男性は、上告人らの婚姻する権利又は他州で適法に成立した婚姻の完全な承認を受ける権利を州の公務員である被上告人らが否定することは修正第14条に違反すると主張して、各々の州の連邦地方裁判所において本件訴訟を提起した。各地方裁判所は上告人らの請求を認めたが、第六巡回区連邦控訴裁判所は事件を併合し地裁判決を破棄した。

判旨：「修正第14条は同性間の婚姻を許可すること、同性間の婚姻を認めている州で許可され成立した婚姻を承認することを、州に義務づけている」

(a)本件に適用のある諸原則及び判例について述べる前に、ここで本件の主題に関する歴史に言及することが適切である。

(1) 婚姻を一人の男性と一人の女性との間の結合と定義する歴史が本件の始まりである。被上告人らにとっては、婚姻を同性カップルに拡大することは、時代を超えて存続してきた婚姻制度を貶めることになる。しかし、上告人ら自身の経験からはっきりわかるように、上告人らは婚姻の価値を貶めようとするどころか、婚姻に対する尊敬と必要から、婚姻の権利と責任を求めているのである。

(2) 婚姻の歴史は継続性と変化の両面を有する。親の合意に基づく許婚の衰退や夫婦一体の法理(doctrine of coverture)の廃止といった進展は、長い間多くの人が婚姻の本質と考えていた婚姻の諸要素に影響を与え、婚姻の構造に大きな変化をもたらしてきた。婚姻に対する理解の変化はまさしく新たな世代が自由の新たな側面を見出していく我が国の特質を示すものである。

同じようなダイナミックな動きはゲイとレズビアンの権利についての我が国の経験にも見ることができる。20世紀半ばまで、多くの州が同性愛を不道徳なものとして非難し、20世紀末、重要な文化的及び政治的発展を受けて、同性カップルはよりオープンかつ公然とした生活を送り始めるようになった。政府と民間分野双方でこの問題についてかなり広範な議論が行われるようになり、世間の態度が変化した。ゲイとレズビアンの権利に関する問題はまもなく裁判に持ち込まれるようになり、この問題を正式な法律論として議論することが可能となった。２００３年、当裁判所は同性愛を犯罪とする法律は「同性愛者の生活を貶める」ものと判示して、Bowers 事件に係る判例を変更した［Lawrence v. Texas 事件539 U. S. 558, 575 頁］。２０１２年、当裁判所は婚姻防衛法（Defense of Marriage Act）を無効とした［United States v. Windsor 事件 570 U. S. ___ 頁］。連邦裁判所及び州裁判所に提訴された多くの同性婚に関する事件が議論に貢献してきた。

(b) 修正第14条のデュー・プロセス条項に基づき州は同性間の婚姻を許可する義務を有する。

(1) 修正第14条が保障する基本的自由は、個人の尊厳と自律の根幹となる個人の選択にも及び、個人のアイデンティティ及びその信条を明確にする私的な選択を行う自由も含む［例えば Eisenstadt v. Baird 事件405 U. S. 438, 453頁 及び Griswold v. Connecticut 事件 381 U. S. 479,

484-486頁参照〕。裁判所は、州が尊重しなければならないほどに基本的な個人の利益を認定するにあたっては、その責務上合理性のある判断を行わなければならない。歴史と慣習はこの審理に指針を与え規律するものではあるが、その外縁を画するものではない。新たな知見に基づき、憲法が保障すべき基本的な権利と法律による制約との間に不一致があることが判明したとき、自由を求める主張について判断しなければならない。

当裁判所はこれらの原則を適用して、昔から婚姻する権利は憲法により保障されていると判示してきた。例えばLoving v. Virginia事件〔388 U. S. 1, 12頁〕では、異人種間の婚姻の禁止を無効とし、Turner v. Safley事件〔482 U. S. 78, 95頁〕において、在監者の婚姻する権利を否定することはできないと判示した。1972年に一行の略式決定で、婚姻から同性カップルを排除することは連邦法に係る実質的な問題を提起するものではないと判示したBaker v. Nelson事件〔409 U. S. 810頁〕と同様、以上の判例が異性パートナー間の関係を前提としていたことは否定できない。しかしながらより示唆に富む他の判例はより広範な憲法上の原則を適用してきた〔例えば、Lawrence事件 539 U. S. 574頁参照〕。当裁判所は、当裁判所の判例の射程と理由が同性カップルにも同様に適用されるかどうかを、婚姻する権利が長年保障を受けてきた基本的な理由を尊重しながら判断しなければならない〔例えば、Eisenstadt事件 前掲453-454頁参照〕。このような分析に基づけば、同性カップルは婚姻する権利を享受するという結論に達せざるを得ない。

(2) これから議論する4つの原則及び慣習は婚姻が憲法上基本的なものであるとする理由が同性カップルにも同等の効力をもって該当することを論証する。当裁判所の関連判例が示す第一の原則は、婚姻についての個人の選択の権利は個人の自律の概念に本質的に内在するものであるということである。Loving事件判決がデュー・プロセス条項に基づいて異人種間の婚姻の禁止を無効としたのは、婚姻と自由との間のこの不変の結び付きを理由とする〔388 U. S. 12頁参照〕。婚姻についての決定は個人が行いうる最も親密な決定に属するものである〔Lawrence事件 前掲574頁参照〕。これは性的指向にかかわらず、すべての人間にとっての真実である。

当裁判所の判例の第二の原則は、婚姻する権利は誓い合った個人にとって他のいかなる結合・関係とは比較にならない重要性をもって二人の人間の結合を支えるから、基本的な権利であるということである。婚姻する権利が保障する親密な関係は、既婚のカップルの避妊具を使用する権利を憲法が保障していると判示したGriswold v. Connecticut事件の核心となる点であり［381 U. S. 485頁］、前記Turner事件もこのことを認めた。同性カップルは異性カップルと同様、親密な結び付きを享受する権利を有し、かかる権利は単なる同性間の性行為を犯罪とする法律からの自由よりさらに広範な権利である［Lawrence事件 前掲567頁参照］。

婚姻する権利を保障する第三の根拠は、婚姻する権利が子どもと家族を保護するからである。その意味で、婚姻する権利の意義は、関連する権利である子の養育、生殖及び教育の権利にも由来するのである。子どもたちは、婚姻が与える承認、安定性及び予測可能性がない限り、自分の家族が他の家族に何らかの意味で劣っているという烙印に苦しむことになる。子どもたちはまた、より困難で不安定な生活を強いられ、婚姻関係を認められない両親に育てられることによる重大なコストにも苦しむことになる。したがって、本件で問題になっている各婚姻法は同性カップルの子どもたちを傷つけ、その尊厳を損なうものである［Windsor事件 前掲――頁参照］。なお、子どもを持たない又は持てない者にとって婚姻する権利の意義が小さくなるというわけではない。判例は既婚のカップルの生殖しない権利を保障しており、生殖能力又は生殖する約束を婚姻する権利の条件にすることはできない。

最後に、婚姻が我々の社会秩序の要であることは、当裁判所の判例及び我が国の慣習に照らして明らかである［Maynard v. Hill事件 125 U. S. 190, 211頁参照］。各州は、多くの側面において婚姻を法的・社会的秩序の中心に位置付けて、婚姻の基本的特徴の形成に寄与してきた。この原則に関して同性カップルと異性カップルの間には何等の差異もない。にもかかわらず同性カップルは婚姻制度から排除され、州が婚姻と結びつけて与える一連の利益の享受を否定され、多くの異性カップルであれば耐えられないと考える不安定な状態を強いられているのである。我が国社会の中核的制度から州がゲイとレズビアンを締め出すことは、ゲイとレズビアンを貶めることになる。同性カップルもまた、婚姻が有する最高の目的を希求することができるのである。

婚姻を異性カップルに限定することは、長い間自然で正しいと考えられてきたかもしれないが、婚姻する基本的権利の中核的意義との矛盾はもはや明確といわざるをえない。

(3) 同性カップルの婚姻する権利は、修正第14条の法の平等保護の保障にも由来する。デュー・プロセス条項と平等保護条項は深く関連している。自由に内在する権利と平等保護により保障される権利は、異なる原理に基づくものという側面もありその適用範囲も常に同一というわけではないが、各権利が互いの意義及び範囲に有益な教示を与える場合もある。二つの条項のこのダイナミックな相互関係は平等保護条項とデュー・プロセス条項双方を適用したLoving事件と、養育費の支払が遅れている父親が裁判所の承認なく婚姻することを禁止した法律を無効としたZablocki事件［434 U. S. 374頁］にそれぞれ反映されている。

基本的な制度に存在するかつては気付かれず問題にもならなかった正当化できない不平等が、新たな見識と社会の理解によって明らかになることがあるとの知見に基づき、当裁判所は平等保護条項に依拠して、性に基づく不平等を婚姻に課す法律を無効とし［例えば、Kirchberg v. Feenstra事件 450 U. S. 455, 460-461頁参照］、また、自由と平等の間の関係を確認した［M. L. B. v. S. L. J. 事件 519 U. S. 119-124頁参照］。

ゲイとレズビアンの法的取扱いにおいてこの二つの憲法上の保障条項が相互に重畳的に適用される性質があることを当裁判所は確認した［Lawrence事件539 U. S. 575頁参照］。両条項のこのダイナミックな相互作用は同性婚にもあてはまる。本件法律は同性カップルの自由を制約するものであり、平等原則の中心的な保護を矮小化するものである。本件婚姻法は本質的に不平等である。同性カップルは異性カップルに与えられるすべての利益を否定され、基本的権利の行使を禁じられている。特に、同性カップルの関係が長い間承認を受けられなかった歴史を考慮すると、同性カップルの婚姻する権利の否定は重要かつ継続的な権利侵害を構成し、その尊厳をないがしろにし、その地位を劣ったものにすることになる。

(4) 婚姻する権利は人の自由に内在する基本的権利であり、修正第14条のデュー・プロセス条項及び平等保護条項に基づき、同性カップルから当該権利及び当該自由を奪ってはならない。同性カップルは婚姻する基本的権利を享受することができる。Baker v. Nelson 事件に係る判例を変更する。本件各州法を、異性カップルと同一条件の民事婚から同性カップルを排除する限度において、無効とする。

(5) 本件について、さらなる立法、訴訟、議論を待って進めるべきであるという考え方もあるかもしれないが、研究その他の著作、州裁判所及び連邦裁判所における多くの訴訟を通じて、この問題に対する理解は深まった。憲法は民主主義を変化のための適切な手続きだと考えているが、権利侵害を受けた個人が基本的権利を主張するにあたって立法行為を待つ必要はない。Bowers 事件判決は、その効果として、ゲイとレズビアンの基本的権利を否定した。Bowers 事件判決は Lawrence 事件判決に基づき最終的には判例変更されたものの、その間多くの男女の尊厳・権利が侵害された状態が継続したのであり、Bowers 事件に係る判例変更においてもその後遺症は疑いなく長く続いたであろう。同性カップルの権利を否定する判決は同じ結果を招来するであろうし、修正第14条の下で正当化することはできない。上告人らが主張する事情から、上告人らが当裁判所に提示する問題の緊急性は明らかで、当裁判所はこれらの主張を審理し、これらの提起された問題に応える義務を有する。同性カップルの婚姻を許容することにより異性婚が減少し、その結果として制度としての婚姻を損なうことになるとの被上告人らの主張は、異性カップルが婚姻し親となることを決定する理由に直感的に反する。

最後に、宗教法人・信仰を有する個人が、その人生と信仰を充実させるその核心でもある教義を教えることは、修正第1条に基づき適切に保障される。

(c) 修正第14条に基づき州は州外で有効に成立した同性婚を承認する義務がある。同性カップルは全州において婚姻する基本的権利を行使できることから、州が同性間の婚姻であることを理由として、他の州で適法に成立した同性婚の承認を拒否する法的根拠はない。

控訴審判決［772 F. 3d 388 頁］を破棄する。

ケネディ裁判官が法廷意見を述べ、これにギンズバーグ裁判官、ブライヤー裁判官、ソトマイヨール裁判官及びケイガン裁判官が同調した。ロバーツ長官が反対意見を述べ、これにスカリア裁判官及びトーマス裁判官が同調した。スカリア裁判官が反対意見を述べ、これにトーマス裁判官が同調した。トーマス裁判官が反対意見を述べ、これにスカリア裁判官が同調した。アリート裁判官が反対意見を述べ、これにスカリア裁判官及びトーマス裁判官が同調した。

＊当裁判所が裁量上告受理した No. 14-562, Tanco et al. v. Haslam, Governor of Tennessee, et al., No. 14-571, DeBoer et al. v. Snyder, Governor of Michigan, et al., and No. 14-574, Bourke et al. v. Beshear, Governor of Kentucky と同時判決。

同性婚を憲法上の権利として確立した米国最高裁判決
ケネディ裁判官の法廷意見全文

合衆国連邦最高裁判所
事件番号14－556、14－562、14－571及び14－574

事件番号 14－556 上告人ジェームズ・オーバーガフェル（JAMES OBERGEFELL）対オハイオ州保健省大臣リチャード・ホッジ（RICHARD HODGES）他
事件番号14－562 上告人バレリア・タンコ（VALERIA TANCO）他対テネシー州知事ビル・ハスラム（BILL HASLAM）他
事件番号14－571 上告人エイプリル・デボー（APRIL DEBOER）他対ミシガン州知事リック・スナイダー（RICK SNYDER）他
事件番号14－574 上告人グレゴリー・ボーク（GREGORY BOURKE）他対ケンタッキー州知事スティーブ・ベッシャー（STEVE BESHEAR）他

第六巡回区連邦控訴裁判所に対する裁量上告受理命令に基づく

［2015年6月26日］

ケネディ裁判官が法廷意見を述べた。

憲法はその保障が及ぶすべての者に自由を約束している。この自由には、合法的な範囲内において、個人が自らのアイデンティティを定義し表明する権利が含まれる。本件上告人らは、同性の者と婚姻し、その婚姻が異性間の婚姻と同一条件で適法と認められることによって、この自由を享受することを求めている。

I

本件は、婚姻を一人の男性と一人の女性との間の結合と定義するミシガン州、ケンタッキー州、オハイオ州及びテネシー州に由来する事件である［例えば、ミシガン州憲法第I編第25条、ケンタッキー州憲法第233A条、オハイオ州改正州法第3101・01条（Lexis 2008）、テネシー州憲法第XI編第18条を参照］。上告人らは14組の同性カップルとその同性パートナーが死亡した2名の男性である。被上告人らは本件で問題となった法律を執行する責任を有する州の公務員である。上告人らは、上告人らの婚姻する権利または他州で適法に成立した婚姻の完全な承認を受ける権利を被上告人らが否定することは、修正第14条に違反すると主張する。

上告人らは、各々の州の連邦地方裁判所において、本件訴訟を提起した。各地方裁判所は上告人らの請求を認めた。後記別紙Aに各事件を引用する。被上告人らは、敗訴となった当該判決について、第六巡回区連邦控訴裁判所に控訴した。連邦控訴裁判所は事件を併合し地裁判決を破棄した［DeBoer v. Snyder 事件 772 F. 3d 388 頁（2014）］。連邦控訴裁判所は、州には同性間の婚姻を許可する義務も州外で成立した同性間の婚姻を承認する憲法上の義務もないと判示した。

上告人らは裁量上告した。当裁判所は、争点を2点に限定して、裁量上告を受理した［574 U. S.___(2015)］。第一の争点は、ミシガン州及びケンタッキー州の事件で問題となっている点で、修正第14条が同性間の婚姻を許可することを州に義務づけているか否かである。第二の争点は、オハイオ州、テネシー州及びケンタッキー州の事件で問題となっている点で、修正第14条が同性間の婚姻の権利を認めている州で許可され成立した同性間の婚姻を州に承認することを義務づけているか否かである。

本件に適用のある諸原則及び判例について述べる前に、ここで本件の主題に関する歴史に言及することが適切である。

II

A

人類の歴史の記録をひもとくと、その最初の頁から最新の頁に至るまで、婚姻が卓越した重要性を有することがわかる。男女の生涯にわたる結合は、すべての者に、その人生における地位にかかわらず、常に崇高と尊厳を約束してきた。婚姻は信仰に生きる者にとっては神聖なものであり、また世俗的な領域で婚姻に意義を見出す者に対しては唯一無二の満足感を与えるものである。婚姻の力は、二人が一人では見つけられなかった人生を見出すことを可能とする。なぜなら、婚姻は二人個人の和より、より大きな人生をもたらすからである。婚姻は人間の最も基本的な欲求から生じるもので、我々の最も深遠な希望と願望の実現に必要不可欠なものである。

このように婚姻が人間の生存にとって中核的な意味を有することに鑑みれば、婚姻制度が何千年にもわたり、いくつもの文明にわたって、存続してきたことは何ら驚くべきことではない。歴史の最初から、婚姻は他人どうしを親類縁者とし、家族をそして社会を結合させてきた。婚姻は政体の礎であると説いたのは孔子である〔『礼記（2 Li Chi: Book of Rites)』266頁（C. Chai & W. Chai 編、J. Legge 訳 1967年)〕。この知恵は、何世紀も後に地球の反対側においても同様に説かれ、キケロは「社会の最初の絆は結婚であり、次が子どもであり、そして家族である。」と記した〔『義務について（De Officiis)』57頁（W. Miller 訳、1913年）参照〕。時間、文化、信仰を超えて、宗教的及び哲学的な教典はもとより、あらゆる形態の芸術及び文学が婚姻の美について言及している。なお、以上の言及が婚姻を異性の二人の間の結合だとする理解に基づくものであったことを指摘することは、公正かつ必要なことである。

以上の歴史が本件の始まりである。被上告人らはその終わりでもあると主張する。被上告人らにとっては、婚姻の概念と法的地位を同性カップルに拡大することは、時代を超えて存続してきた婚姻制度を貶めることになる。被上告人らの見解に基づけば、婚姻とはその性質上、男と女という異なる性の間の結合である。この見解は世界中の合理的で誠実な人々により真摯に長い間支持されてきたもので、今なお支持され続けている。

上告人らは以上の歴史を踏まえながらも、しかし本件はそこで終わるものではないと主張する。仮に上告人らの意図が婚姻の尊い理念と実体を貶めることにあったとしたら、上告人らの主張は別段の議論を要するものとなる。しかし、婚姻を貶めることは、上告人らの目的でも主張でもない。そうではなく、上告人らの主張の根幹にあるのは、婚姻の恒久的な重要性である。上告人らは、婚姻の恒久的な重要性が本件の核心・すべてであると主張する。上告人らは婚姻の価値を貶めようとするどころか、婚姻に対する尊敬と必要から、婚姻の権利と責任を求めているのである。そして上告人らの同性愛という特質が不変的な性質であるがゆえに、上告人らにとってこの深遠な誓約への真実かつ唯一の道は、同性婚しかないのである。

本件事例のうち三件の事情を詳説することによって、上告人らの観点からみた本件の緊急性が明らかとなる。上告人ジェームズ・オーバーガフェル（James Obergefell）はオハイオ州事件の原告であるが、20年以上前にジョン・アーサー（John Arthur）と出会った。彼らは恋に落ち、共同生活を始め、永続的で相互に献身的な関係を築いた。しかし2011年アーサーは筋萎縮性側索硬化症（ALS）と診断された。人を衰弱させるこの病は、進行性で、治療法もわかっていない。2年前オーバーガフェルとアーサーは互いに誓いを立てようと決意し、アーサーが亡くなる前に結婚することを決めた。この互いの誓約を果たすために、二人はオハイオ州から同性婚が合法であるメリーランド州に旅行した。アーサーは動くのが困難であったため、二人はバルチモアの滑走路に停まった医療輸送機の中で結婚した。3か月後アーサーは死去した。オハイオ州法では、アーサーの死亡証明書にオーバーガフェルを遺族たる配偶者として記載することは許されない。法律上、死に際してさえも、二人は他人のままでいなければならず、州に強いられた離別をオーバーガフェルは「一生の苦痛」と感じた［App. in No. 14-556 etc., p. 38］。オーバーガフェルはアーサーの死亡証明書に遺族たる配偶者として記載されることを求めて訴訟を提起した。

エイプリル・デボー（April DeBoer）とジェイン・ラウス（Jayne Rowse）はミシガン州事件の共同原告である。二人は２００７年に二人の永遠の結びつきを尊厳あるものとするために誓約式を執り行った。二人とも看護師であり、デボーは新生児病棟で、ラウスは救急病棟で働いている。２００９年デボーとラウスは乳児の男の子の里親となり、後に養子とした。その後同年彼女達はもう一人の息子を家族に迎えた。その新しい子どもは未熟児として生まれ、生母により遺棄され、24時間の完全看護を要した。翌年障がいのある乳児の女の子が家族に加わった。しかしミシガン州では異性婚の夫婦または個人による養子縁組しか認めていないため、いずれか一方の女性しか子どもたちの親権者になることができない。緊急事態が発生した場合、三人の子どもたちを学校や病院が一人の親しかいないものとして扱う可能性がある。そして仮にデボーかラウスのどちらかの身に何かがあった場合、他の者は養子縁組を認められなかった子どもたちについて何らの法的権利も有さない。このカップルは未婚の地位によって生じる人生における継続的な不安定からの救済を求めている。

テネシー州事件の共同原告である陸軍予備軍の一等軍曹であるイーファ・デクー（Ijpe DeKoe）とパートナーのトーマス・コストゥラ（Thomas Kostura）は恋に落ちた。２０１１年、デクーはアフガニスタンへの配置命令を受けた。出発前にデクーとコストゥラはニューヨーク州で結婚した。１週間後、デクーは任務を開始し、その任務はおよそ1年にわたった。デクーが戻ると、二人はデクーが陸軍予備軍のためフルタイムで働くテネシー州に住居を定めた。二人の合法的な婚姻は、テネシー州居住中はいつも無効となり、州の境界を越えて旅行する度に復活したり消えたりする。憲法が保障する自由を守るため我が国に奉仕したデクーは、このような重大な負担を強いられている。

当裁判所に係属する本件には他の上告人らもおりそれぞれが固有の経験を有する。上告人らが婚姻を貶めようとしているのではなく、むしろ婚姻の絆によって結ばれた状態でそれぞれの人生を生きること、あるいは誇りをもって配偶者の思い出を偲ぶことを求めていることは、上告人らの事情から明らかである。

B

婚姻が社会制度において中心的な位置を占めることは、婚姻の古に遡る起源から明らかである。他方婚姻は法律や社会の発展と無縁であったわけでもない。婚姻の歴史は継続性と変化の両面を有する。婚姻制度は、異性間の関係に限定しても、時代と共に発展してきた。

例えば、婚姻はかつてカップルの両親による政治的、宗教的、財政的事情に基づく協定と考えられていた。しかし、我が国が建国されるころには、婚姻とは自由な意思に基づく男女間の契約と理解されていた［N. Cott著『公的誓い：結婚と国家の歴史（Public Vows: A History of Marriage and the Nation）』9-17頁（2000年）及びS. Coontz著『結婚、歴史（Marriage, A History）』15-16頁（2005年）参照］。女性の役割と地位の変化に伴い婚姻制度はさらに発展した。何百年もの歴史がある夫婦一体の法理（doctrine of coverture）上は、既婚の男女は男性が支配する単一の法的存在として国家に扱われていた［W. Blackstone著、『イギリス法注解（Commentaries on the Laws of England）』430頁（1765年）参照］。女性が、法的、政治的及び財産的権利を獲得し、女性にも平等な尊厳があると社会が理解し始めたとき、夫婦一体の法理（doctrine of coverture）は廃止された［法廷助言者（アミカス・キュリィ）である婚姻に関する歴史学者等の意見書（Brief for Historians of Marriage et al. as Amici Curiae）16-19頁参照］。婚姻制度の過去数世紀にわたるこうした変化またその他の発展は単なる表面的な変化にとどまらなかった。むしろこうした進展は、長い間多くの人が婚姻の本質と考えていた婚姻の諸要素に影響を与え、婚姻の構造に大きな変化をもたらしてきた［全般としてN. Cott著『公的誓い：結婚と国家の歴史（Public Vows: A History of Marriage and the Nation）』、S. Coontz著『結婚、その歴史（Marriage, a History）』及びH. Hartog著『アメリカの男と妻：歴史（Man & Wife in America: A History）』（2000年）を参照］。

これらの新しい知見は婚姻制度を弱めることなく、強めてきた。我が国は、自由の新たな側面がまずは請願や抗議行動を通じて認識され、政治的または司法的過程においてさらに検討されることを通じて、新たな世代に明らかになることを特質としている。婚姻に対する理解の変化はまさしくこのような我が国の特質を示すものである。

同じようなダイナミックな動きはゲイとレズビアンの権利についての我が国の経験にも見ることができる。20世紀半ばまで、ほとんどの西洋諸国において、同性愛は長い間不道徳なものとして国家によって非難され、かかる考えは多くの場合刑法に具体化されていた。このような理由から、他の理由もあいまって、多くの人々は同性愛者がその固有のアイデンティティに基づく尊厳を有するとは考えていなかった。同性カップルが心の中に抱える真意は心の中にとどめるほかなかった。第二次世界大戦後、同性愛者の人間性とその高潔さに対する認識が高まったものの、ゲイとレズビアンが尊厳を求める正当な権利があるとの主張は法律及び広く行きわたった社会慣習と衝突した。多くの州で同性間の性行為は犯罪のままであった。ゲイとレズビアンは公職に就くことができず、兵役から排除され、移民法上排除され、警察の標的となり、結社の権利について制約を受けた［法廷助言者（アミカス・キュリィ）であるアメリカ歴史家協会（Organization of American Historians）の意見書5-28頁参照］。

さらに、20世紀の大半にわたり、同性愛は病気として扱われてきた。アメリカ精神医学会（the American Psychiatric Association）が1952年に精神疾患の診断・統計マニュアル（Diagnostic and Statistical Manual of Mental Disorders）の第一版を出版したとき、同性愛は精神疾患の一つに分類され、1973年までかかる立場が維持された［1973年のアメリカ精神医学雑誌131巻「同性愛と公民権に関する立場表明（Position Statement on Homosexuality and Civil Rights 1973, in 131 Am. J. Psychiatry）」4-97頁(1974年）参照］。精神科医等が性的指向は人間の性の通常の表現でありかつ不変的なものであると認識したのは、ほんのここ数年のことである［法廷助言者（アミカス・キュリィ）であるアメリカ心理学会ほかの意見書（Brief for American Psychological Association et al. as Amici Curiae）7-17頁参照］。

20世紀末、重要な文化的及び政治的発展を受けて、同性カップルはよりオープンかつ公然とした生活を送り、また家庭を築き始めるようになった。このような展開に続いて政府と民間分野双方でこの問題についてかなり広範な議論が行われるようになり、世間の態度がより寛容な方向に変化した。その結果ゲイとレズビアンの権利に関する問題はまもなく裁判に持ち込まれるようになり、この問題を正式な法律論として議論することが可能となった。

当裁判所が最初に同性愛者の法的地位に関する詳細な検討を行ったのは Bowers v. Hardwick 事件［478 U. S. 186 頁（1986）］である。そのときの審理の結果は一定の同性愛的行為を犯罪とするジョージア州法を合憲とすることであった。10年後、Romer v. Evans 事件［517 U. S. 620 頁（1996）］において、当裁判所は州政府・市町村が性的指向に基づく差別から人を保護することを妨げるコロラド州憲法の改正を無効と判示した。その後２００３年当裁判所は同性間の性的行為を犯罪とする法律は「同性愛者の生活を貶める」ものと判示して、Bowers 事件に係る判例を変更した［Lawrence v. Texas 事件539 U. S. 558, 575 頁］。

以上のような背景を踏まえて同性婚が法的問題として提起されるようになった。１９９３年ハワイ州最高裁判所は、婚姻を異性カップルに限定するハワイ州法は性に基づく区別であって、ハワイ州憲法上の厳格な審査の対象となると判示した［Baehr v. Lewin 事件 74 Haw. 530, 852 頁 P. 2d 44 頁］。この判決は同性婚を許可することを義務づけなかったものの、同判決の潜在的な影響を懸念して婚姻とは異性パートナー間の結合であるという定義を州法において再確認した州もあった。１９９６年連邦議会も婚姻防衛法（Defense of Marriage Act: DOMA）［110 Stat.2419］（以下、ＤＯＭＡという）を制定し、すべての連邦法の文脈において、婚姻とは「夫と妻としての一人の男性と一人の女性の間の結合のみ」をいうと定義した［1 U. S. C. §7］。

この問題についての新たなそして広範な議論を受けて異なる結論に達した州もあった。２００３年マサチューセッツ州最高裁判所は州憲法は同性カップルの婚姻する権利を保障していると判示した［Goodridge v. Department of Public Health 事件 440 Mass. 309, 798 N. E. 2d 941 頁（2003）参照］。同判決後、司法手続きまたは立法手続きのいずれかによりいくつかの州が同性カップルに婚姻の権利を新たに付与した。これらの判決及び法令を後記別紙Ｂに引用する。二開廷期前、United States v. Windsor 事件［570 U. S.___頁（2013）］において、当裁判所は、同性婚を許可した州において適法な同性婚を連邦政府が有効に扱うことを禁ずる限度において、ＤＯＭＡを無効とした。当裁判所は、ＤＯＭＡは「自らの子どもたち、家族、友人、そしてコミュニティの面前でお互いの誓いを確認し合うことを望んだ」同性カップルを蔑むものであって、許容することはできないと判示した〔同上 ＿ 頁（slip op. 14頁)〕。

近年同性婚に関する多数の事件が連邦控訴裁判所に控訴されている。原理原則に基づく理由と中立的な議論を基礎として、その論評が軽蔑的または侮辱的にならないよう留意しながら、判断を行うべきであるという司法の義務に従い、裁判所はこの問題をあらゆる側面から検討し、重要な判例法を構築してきた。構築された判例法は、当裁判所がこれから考慮しなければならない基本原則を説明し、定式化するうえで有用である。本件の審理対象である事件及び他の事件〔Citizens for Equal Protection v. Bruning 事件 F. 3d 859,864-868 頁（CA8 2006）参照〕を除き、連邦控訴裁判所は同性カップルを婚姻から排除することは憲法に違反すると判示してきた。同性婚を思慮深く検討した地方裁判所の判決も多くあり、その多くがまた同性カップルに婚姻を許可しなければならないとの結論に達してきた。さらに多くの州最高裁判所が自州の憲法を解釈する判決の中でこの進行中の議論に貢献してきた。こうした州及び連邦裁判所の判決は後記別紙Ａに引用した。

長年にわたる訴訟、立法、住民投票及びそれに伴う議論の末、現在同性婚の問題に関する各州の意見は分かれている〔メリーランド州司法長官事務所（Office of the Atty. Gen. of Maryland)「アメリカにおける婚姻平等の状況（The State of Marriage Equality in America)」State-by-State Supp.（2015）参照〕。

III

修正第14条のデュー・プロセス条項は、いかなる州も「法のデュー・プロセスによらずして、人から生命、自由または財産を剥奪してはならない。」と定める。本条項により保障される基本的自由には権利章典に掲げられている権利のほとんどが含まれる〔Duncan v. Louisiana 事件 391 U. S. 145, 147-149

頁 （1968） 参照］。さらにこの基本的自由は、個人の尊厳と自律の根幹となる個人の選択にも及び、個人のアイデンティティ及びその信条を明確にする私的な選択を行う自由も含む［例えばEisenstadt v. Baird事件405 U. S. 438, 453頁（1972）及びGriswold v. Connecticut事件381 U. S. 479, 484-486頁（1965）参照］。

憲法を解釈する裁判所の責務の中でも、基本的権利の認定と保護はその不朽の責務の一部である。しかしながらその責務は「一定の公式にまとめられたことはない」［Poe v. Ullman事件367 U. S. 497, 542頁（1961）（Harlan裁判官の反対意見）］。むしろ裁判所は、州が尊重しなければならないほどに基本的な個人の利益を認定するにあたっては、その責務上合理性のある判断を行わなければならない［同上参照］。その判断は、具体的な要件ではなく広く適用されうる原則を規定するその他の憲法条項を分析する場合と同様の事項を考慮して行われる。歴史と慣習はこの審理に指針を与え規律するものではあるが、その外縁を画するものではない［Lawrence事件前掲572頁参照］。この審理方法は、歴史を尊重し歴史から学ぶものの、過去のみが現在を支配することを許さない。

不正義の本質はその時代を生きる者の目に必ずしも見えない点にある。権利章典と修正第14条を起草し承認した世代は、自分たちが自由の範囲をそのすべての局面において理解しているとは仮定しなかった。だからこそ自由の意味を見出しながらその自由を享有する権利を保障する憲章を将来の世代に委ねたのである。新たな知見に基づき、憲法が保障すべき基本的な権利と法律による制約との間に不一致があることが判明したとき、自由を求める主張について判断しなければならない。

当裁判所はこれらの確立された原則を適用して、長きにわたり、婚姻する権利は憲法により保障されていると判示してきた。異人種間の婚姻の禁止を無効としたLoving v. Virginia事件［388 U. S. 1, 12頁（1967）］では、当裁判所は全員一致で婚姻は「自由な者が平穏に幸福を追求するために必要不可欠な重要な人格権の一つ」であると判示した。当裁判所はZablocki v. Redhail事件［434 U. S. 374, 384頁（1978）］においても、養育費の支払いが遅れている父親の婚姻を禁止する法律は婚姻する権利を制約すると判示して、Loving v. Virginia事件における上記意見を再確認した。当裁判所はTurner v. Safley事件［482 U. S. 78, 95頁（1987）］においてもまた、在監者の婚姻の権利を制限する規則は婚姻する権利を制約すると判示して、上記原則を再度適用した。時の経過の中でも、そして他の文脈においても、婚姻する権利がデュー・プロセス条項に基づく基本的権利であることを当裁判所は繰り返し判示してきた〔例えば、M. L. B. v. S. L. J. 事件 519 U. S. 102, 116 頁（1996）、Cleveland Bd. of Ed. v. LaFleur事件414 U. S. 632, 639-640 頁（1974）、Griswold事件前掲486 頁、Skinner v. Oklahoma ex rel. Williamson事件 316 U. S. 535, 541 頁（1942）及び Meyer v. Nebraska 事件 262 U. S. 390, 399 頁（1923）参照〕。

婚姻する権利に関する当裁判所の判例が異性パートナー間の関係を前提としていたことは否定できない。当裁判所もまた、多くの他の機関と同様に、その時々における社会と時代において前提とされていた事項に基づき判断を行ってきたのである。このことは、１９７２年に一行の略式決定で、婚姻から同性カップルを排除することは連邦法に係る実質的な問題を提起するものではないと判示した Baker v. Nelson 事件〔409 U. S. 810 頁〕を見れば明らかである。

しかしながらより示唆に富む他の判例がある。当裁判所の判例はより広範に適用される憲法上の原則について判示してきた。これらの判例は、婚姻する権利を定義するにあたり、この親密な絆に固有の歴史、慣習及び婚姻する権利に内在する他の憲法上の自由に基づき、婚姻する権利の本質的特徴を明らかにしてきた〔例えば、Lawrence 事件 539 U. S. 574 頁、Turner 事件 前掲95 頁、Zablocki 事件 前掲384 頁、Loving事件前掲12 頁及び Griswold 事件 前掲486 頁参照〕。当裁判所の判例の射程と理由が同性カップルにも同様に適用されるかどうかを決するにあたっては、婚姻する権利が長年保障を受けてきた基本的な理由を十分に考慮しなければならない〔例えば、Eisenstadt 事件 前掲453-454 頁及び Poe 事件 前掲542-553 頁（Harlan 裁判官の反対意見）参照〕。

このような分析に基づけば、同性カップルは婚姻する権利を享受するという結論に達せざるを得ない。これから議論する4つの原則及び慣習は婚姻が憲法上基本的なものであるとする理由が同性カップルにも同等の効力をもって該当することを論証する。

当裁判所の関連判例が示す第一の原則は、婚姻についての個人の選択の権利は個人の自律の概念に本質的に内在するものであるということである。Loving 事件判決がデュー・プロセス条項に基づいて異人種間の婚姻の禁止を無効としたのは、婚姻と自由との間のこの不変の結び付きを理由とする〔388 U.

S.,12 頁参照。また、Zablocki 事件前掲 384 頁も参照（Loving 事件判決が「婚姻する権利は、すべての個人にとって基本的で重要なものである」と判示した旨述べている）〕。憲法上保障されている避妊、家族関係、生殖及び子の養育に関する選択の権利と同様に、婚姻についての決定も個人が行いうる最も個人的な決定に属するものである〔Lawrence 事件 前掲574 頁参照〕。実際に、当裁判所は「家族生活にかかる他の事項に関してプライバシー権を認めながら、社会における家族の基礎となる関係に入る決定に関してプライバシー権を認めないのは」矛盾するだろうと述べた〔Zablocki 事件前掲386 頁〕。

婚姻に関する選択は個人の運命に重要な影響を与える。マサチューセッツ州最高裁判所が判示したとおり「法律婚は、安心、安全な安息地、人間として普遍的に有する結び付きを切望する気持ちを満たす」ことから「尊重すべき制度であり、婚姻するかどうか、またはだれと婚姻するかの決定は、人生の極めて重要な自己決定の一つである。」〔Goodridge 事件 440 Mass. 322 頁、798 N. E. 2d, 955 頁〕。

婚姻の特質は、その永続的な絆を通して、表現、親密さ及びスピリチュアリティといった他の自由を二人の人間が共同して見出すことを可能とすることにある。これは性的指向にかかわらず、すべての人間にとっての真実である〔Windsor 事件570 U. S. ___-___ 頁（slip op. 22-23 頁）参照〕。婚姻を求める男性二人あるいは女性二人の間の絆、そしてこのような深遠な選択をする彼らの自律的な決定には尊厳がある〔Loving 事件 前掲12 頁参照（「他の人種の人と婚姻するまたは婚姻しない自由は、個人に属するものであり、州が侵害することはできない。」）〕。

当裁判所の判例の第二の原則は、婚姻する権利は誓い合った個人にとって他のいかなる結合・関係とも比較にならない重要性をもって二人の人間の結合を支えるから、婚姻する権利は基本的な権利であるということである。この点は、既婚のカップルの避妊具を使用する権利を憲法が保障していると判示した Griswold v. Connecticut 事件の核心となる点でもあった〔381 U. S. 485 頁〕。Griswold 事件判決は、婚姻が「権利章典よりも古い」権利であることを示唆しながら、婚姻について以下のとおり説示した。

「婚姻とは病めるときも健やかなるときも共にあることであり、願わくは永続的で、神聖といえるほど親密な結びつきである。婚姻とは、単なる大義名分ではなく人生を豊かにする助けとなる結びつきである、政治的信念ではなく人生に調和をもたらすものである、商業的・社会的事業ではなく二人の人間相互間の忠誠である。婚姻は、当裁判所がその判決において今まで言及してきたあらゆる結びつき・関係と同等の崇高な目的を有する結びつきである。」［同上486頁］

そして Turner 事件では、在監者間の相互に誓い合う関係は婚姻を基本的権利とする理由を充足することから、在監者間の婚姻する権利を制約することはできないと当裁判所は判示し、親密な結び付きが婚姻する権利によって保障されることを再び認めた［482 U. S. 95-96 頁参照］。このように婚姻する権利は「互いの誓いによって自己を定義することを望む」カップルの関係を尊厳あるものとする［Windsor 事件 前掲 ―― 頁（slip op. 14 頁）］。だれかに呼びかけてもだれもいないとわかる孤独者の普遍的な恐怖に婚姻は応える。婚姻は相互の結びつきという希望を与え、また二人が生きている限り守ってくれる相手がいるという理解と確かな保証を提供する。

Lawrence 事件で当裁判所が判示したとおり、同性カップルは異性カップルと同様、親密な結び付きを享受する権利を有する。Lawrence 事件判決は同性間の性行為を犯罪とする法律を無効とした。そして同判決は「セクシュアリティが第三者との親密な行為として表現される場合、それはより永続的な人的絆の一要素として表現されているにすぎない」ことを確認した［539 U. S. 567 頁］。Lawrence 事件判決は、個人が刑事責任を問われることなく親密に結び付くことができるという自由を確認したものの、自由がそこにとどまる理由はない。犯罪者から社会の疎外者となることは一歩前進かもしれないが、その一歩によってはいまだ自由の完全な保障は達成されていないのである。

婚姻する権利を保障する第三の根拠は、婚姻する権利が子どもと家族を保護するからである。その意味で、婚姻する権利の意義は、関連する権利である子の養育、生殖及び教育の権利にも由来するのである［Pierce v. Society of Sisters 事件 268 U. S. 510 頁（1925）及び Meyer 事件 262 U. S. 399 頁参照］。当裁判所は次のとおり上記種々の権利を一体性のあるものと判示して、各権利の関連性を確認した。「婚姻し、家庭を築き、子どもを育てる権利は、デュー・プロセス条項で保障される中核的な自由である」

[Zablocki 事件 434 U. S. 384 頁（Meyer 事件 前掲399 頁を引用している）]。州法によっては、子ども及び家族に与える婚姻の権利に係る保障が物質的な利益である場合もある。しかし、婚姻はそのような物質的な利益より深い利益も与える。婚姻が子どもたちの両親の関係に承認と法的構成を与えることから、子どもたちは「自分の家族の完全性と強い結び付き、そして、自らが所属するコミュニティとその日常生活における自分の家族と他の家族との調和を理解」することができるようになる［Windsor 事件 前掲 ___ 頁（slip op. 23 頁）］。婚姻はまた、子の最善の利益にとって重要な永続性と安定性も提供する［法廷助言者（アミカス・キュリィ）である憲法上の子どもの権利に関する学者（Scholars of the Constitutional Rights of Children）による意見書22-27 頁参照］。

全当事者が同意しているとおり、血縁の有無にかかわらず、子どもたちに愛情に満ちた養育にふさわしい家庭を多くの同性カップルが提供している。何十万人もの子どもたちが現在同性カップルによって育てられている［法廷助言者（アミカス・キュリィ）である Gary J. Gates の意見書4 頁参照］。ほとんどの州は、ゲイやレズビアンが個人またはカップル単位で養子縁組をすることを許可しており、養子または里子にとられた子どもたちの多くが同性の両親を有する［同上5 頁参照］。これはゲイやレズビアンが愛情に満ちた協力的な家庭を築くことができることを法そのものが承認していることの強力な証左である。

したがって同性カップルを婚姻から排除することは、婚姻する権利が核心とする前提と抵触する。子どもたちは、婚姻が与える承認、安定性及び予測可能性がない限り、自分の家族が他の家族に何らかの意味で劣っているという烙印に苦しむことになる。子どもたちはまた、自らに何の落ち度もないのに、より困難で不安定な生活を強いられ、婚姻関係を認められない両親に育てられることによる重大なコストにも苦しむことになる。したがって、本件で問題になっている各婚姻法は同性カップルの子どもたちを傷つけ、その尊厳を損なうものである［Windsor 事件 前掲 ___ 頁（slip op. 23 頁）参照］。

なお、子どもを持たない者または持てない者にとって婚姻する権利の意義が小さくなるというわけではない。生殖能力、生殖を行う希望または約束を有効な婚姻の条件とする州は現在ないし、今までにもない。既婚のカップルの生殖しない権利を保障した判例に鑑みると、当裁判所または州が、生殖能力または生殖する約束を婚姻する権利の条件にしているということはできない。憲法上の婚姻の権利には多くの側面があり、子どもの養育はその一つの側面に過ぎない。
第四に、最後に、婚姻が我々の社会秩序の要であることは、当裁判所の判例及び我が国の慣習に照らして明らかである。アレクシ・ド・トクヴィル（Alexis de Tocqueville）はこの真実に2世紀近く前の合衆国横断の旅で気づいた。

「アメリカほど結婚の絆が尊重されている国は世界中どこにもない。アメリカ人が公的生活の喧騒を去り自分の家庭の懐に戻ると、彼はそこに秩序と平和のイメージを見出すのである。…その後、アメリカ人はそのイメージを胸に抱えて公的生活に従事するのである。」『1アメリカの民主政治（1 Democracy in America）』309頁（H. Reeve 翻訳・改訂・編、1990年）

Maynard v. Hill 事件［125 U. S. 190, 211 頁（1888）］において、当裁判所はド・トクヴィル（de Tocqueville）に共鳴して、婚姻は「家族及び社会の基礎であり、婚姻なくして文明も進歩もない」と説示した。Maynard 事件判決によれば、婚姻は長きにわたって「我が国の民事上の統治組織全体を特徴づける崇高な公的制度である」［同上213 頁］。婚姻に本質的だと考えられていた親の同意、性別及び人種に関する規定が廃止されるなど時の経過に伴って婚姻制度が大きく変遷していく過程においても、この考えは維持されてきた［以上全般として N. Cott 著『公的誓い：結婚と家族の歴史』を参照］。婚姻はなおも相変わらず我々の国家社会の礎である。
そのような理由から、カップルが互いを支え合うと誓うのと同じように、社会もまたそのカップルを支えることを約束し、その結合を象徴として承認し、物質的利益を与えてその結合を保護し育むのである。婚姻したカップルに与える各種の一般的利益の範囲を各州は自由に決定することができるのにもかかわらず、各州は、歴史を通じて一貫して、婚姻を基礎として政治上の権利、各種利益及び責任を拡大追加してきた。婚姻の地位のこうした側面には、税制、相続及び財産権、無遺言相続法制、証拠法における配偶者間の秘匿・証言拒否特権、病院でのアクセス権、医療上の意思決定権、養子縁組の権利、遺族の権利及び利益、出生及び死亡証明書、職業倫理、選挙運動資金規制、労災補償給付、健康保険並びに子の親権、養育費及び面会交流に関する制度が含まれる［法廷助言者（アミカス・キュリィ）である合衆国の意見書6-9頁及び法廷助言者（アミカス・キュリィ）であるアメリカ法曹協会（American Bar Association）の意見書8-29頁参照］。州法上有効な婚姻はまた、連邦法の千以上の規定においても、重要な前提となっている［Windsor 事件 570 U.S. ___-___頁（slip op. 15-16頁）参照］。各州は、これほど多くの側面において婚姻を法的・社会的秩序の中心に位置付けて、婚姻の基本的特徴の形成に寄与してきた。

この4つ目の原則に関して同性カップルと異性カップルの間には何らの差異もない。にもかかわらず同性カップルは婚姻制度から排除され、州が婚姻と結びつけて与える一連の利益の享受を否定されているのである。このような侵害は物質的な負担以上の害をもたらす。同性カップルは、多くの異性カップルであれば自分たちの人生において耐えられないと考える不安定な状態を強いられているのである。州が婚姻を重要なものとして尊重すればするほど、婚姻からの排除は、重要な点において、ゲイとレズビアンを平等に処遇すべきではないと教えることとなる。我が国社会の中核的制度からゲイとレズビアンを州が締め出すことは、ゲイとレズビアンを貶めることになる。同性カップルもまた、婚姻が有する最高の目的を希求することができ、婚姻の崇高な意義の実現を求めることができるのである。

婚姻を異性カップルに限定することは、長い間自然で正しいと考えられてきたかもしれないが、婚姻する基本的権利の中核的意義との矛盾はもはや明確といわざるをえない。そうであるならば、婚姻の権利から同性カップルを排除する法律は、我々の基本憲章が禁止する不名誉を課し、権利を侵害するものであることを認めなければならない。

被上告人らは、以上の考え方は本件に対する適切な問題設定方法ではないと反論して、基本的人権の「定義は慎重に」行わなければならないと判示した Washington v. Glucksberg 事件判決［521 U. S. 702, 721頁（1997）］を引用する。被上告人らは、上告人らは婚姻する権利の行使を求めているのではなく、むしろ存在しない新しい「同性婚をする権利」を求めていると主張する［被上告人らの準備書面 No.14-556、8頁］。Glucksberg 事件判決は、デュー・プロセス条項に基づく自由は、具体的な歴史的慣習を参照することを中心として、非常に限定的に定義されなければならないと確かに判示した。しかし、そのような手法を適用することはその事件で主張された権利（医師の自殺ほう助）については適切だったかもしれないが、当裁判所が婚姻及び親密な関係を含む他の基本的権利を議論する際に用いてきた手法とは一致しない。Loving 事件判決では「異人種間で婚姻する権利」が問題となったわけではなく、Turner 事件判決では「在監者の婚姻する権利」が問題となったわけではなく、Zablocki 判決では「養育費未払いの父親の婚姻する権利」が問題となったわけではない。そうではなくて、各判決は、あらゆる人々に及ぶ権利として婚姻する権利を問題とし、当該区分に属する人々をこの権利から排除する十分な正当化理由があるか否かを検討し、包括的な意味での婚姻する権利を問題としたのである［Glucksberg 事件、521 U. S. 752-773 頁（スーター裁判官の同調意見）及び同事件789-792 頁（ブライヤー裁判官の同調意見）も参照］。

その原則は本件にもあてはまる。権利は過去にだれがその権利を行使したかによって定義されるべきであるとするのであれば、従前の慣行がその正当化理由となり続けるのであって、新しいグループは、一度否定されたら、当該権利を享有することができなくなる。当裁判所は婚姻する権利に関しても、ゲイとレズビアンの諸権利に関しても、そのようなアプローチを拒絶してきた［Loving 事件 388U. S. 12 頁及び Lawrence 事件 539 U. S. 566-567 頁参照］。

婚姻する権利は、歴史と伝統に由来する基本的な権利であるが、権利の根拠は歴史にのみ由来するものではない。権利はまた、現代において切迫した意義を有する自由を、憲法の要請に基づきどう解釈定義すべきかについてよりよく理解することによっても、生じるのである。同性婚を間違ったことだという結論に達した人々の多くは、まともで尊重に値する宗教的・哲学的理由によって、そのような結論に達しているのであって、当裁判所はその人たち、またその人たちの考えをここで軽んじているわけではない。しかし、その真摯で個人的な反対が法律となりまた公の秩序となる場合には、必然の結果として、自由を否定された者を貶め、汚名を着せることとなる排除に、州自体がお墨付きを与えることになるのである。同性カップルは婚姻において異性カップルと同等の法的扱いを憲法に基づき求めており、彼らの権利を否定することは、彼らの選択を蔑み、彼らの人格を傷つけることになる。

修正第14条で保障されている自由の一部である同性カップルの婚姻する権利は、同条の法の平等保護の保障にも由来する。デュー・プロセス条項と平等保護条項は独立した原則として規定されているものの、深く関連している。自由に内在する権利と平等保護により保障される権利は、異なる原理に基づくものという側面もありその適用範囲も常に同一というわけではないが、各権利が互いの意義及び範囲に有益な教示を与える場合もある。ある特定の事件において、一方の条項がより正確かつ包括的に権利の本質を捉える場合があるが、その場合でも両条項が当該権利を特定し定義するにあたってあわせて適用されるのである［M. L. B. 事件 519 U. S. 120-121 頁、同事件 128-129 頁（ケネディ裁判官の結論同調意見）及び Bearden v. Georgia 事件 461 U. S. 660, 665 頁（1983）参照］。二つの原則のこの相互関係は、自由とは何か、そして自由がどうあるべきかについての我々の理解を深めるのである。

婚姻する権利を論じた当裁判所の判例は、二つの条項のこのダイナミックな相互関係についての理解を反映している。Loving 事件において当裁判所は平等保護条項とデュー・プロセス条項双方に基づいて異人種間の婚姻の禁止を無効とした。初めに、当裁判所は異人種カップルに対する不平等な取扱いを理由に当該禁止を無効とした。当裁判所は「人種のみを理由として婚姻する自由を制限することは平等保護条項の中心的意義に反する」と述べた［388 U. S. 12 頁］。このように平等保護条項との関連を判示してから、当裁判所は続いて以下のとおり当該禁止が自由の中心的原理にも反すると判示した。「修正第14条の核心である平等原則に真っ向から反する人種による区別、そのようなおよそ到底支持できない区別に基づいてこの基本的自由の享有を否定することは、すべての州民から法のデュー・プロセスに基づくことなく自由を奪うことにほかならない」［同上］。異人種間の結合を禁止する法律により生じる痛みを十分知り理解することによって、婚姻が基本的権利である理由がより明確かつ説得力のあるものになる。

二つの保護原則の相乗作用は Zablocki 事件においてさらにみることができる。同事件において問題となった法律、すでに述べたとおり養育費の支払いが遅れている父親が裁判所の承認なく婚姻することを禁止した法律を、当裁判所は平等保護条項を根拠として無効とした。平等保護条項に係る分析は、その中心部分において、当該法律が「基本的で重要な」権利を制限していることに依拠していた［434 U. S.

383頁］。Zablocki事件判決で詳細に論じたとおり［同上383-387頁参照］、婚姻の権利が不可欠で重要な権利であったからこそ、当該法律が平等保護の要請と両立しないことが明らかになったのである。自由の概念と平等保護の概念は互いの理解をより深める。

実際に当裁判所は平等保護条項を解釈する過程で、基本的な制度に存在するかつては気付かれず問題にもならなかった正当化できない不平等が、新たな見識と社会の理解によって、明らかになることがあることを知った。一つの例として１９７０年代及び１９８０年代における婚姻についての理解をあげることができる。夫婦一体の法理（doctrine of coverture）が徐々に衰退していったにもかかわらず［前掲6頁参照］、婚姻における性に基づく不公平な区別は20世紀半ばまで一般的なままであった［Reed v. Reed事件の控訴人の意見書の添付書類、O. T. 1971, No. 70-4, 69-88頁を参照（婚姻において女性を男性に比べて不平等に扱っている１９７１年時点での現行法を幅広く引用したもの）］。これらの区別は、男性と女性の尊厳の平等を否定するものであった。例えばある州法は、１９７１年時点で「夫は、家長であり、妻は夫に従属する。妻の民事法上の地位は、法律が別途妻の保護のためまたはその利益のため独立した地位を認めていない限り、夫に吸収される。」と規定していた［Ga. Code Ann. §53-501（1935）］。当裁判所は、新しい知見に基づき、平等保護条項に依拠して、性に基づく不平等を婚姻に課す法律を無効とした［例えば、Kirchberg v. Feenstra事件450 U. S. 455頁（1981）、Wengler v. Druggists Mut. Ins. Co.事件446 U. S. 142（1980）、Califano v. Westcott事件443 U. S. 76頁（1979）、Orr v. Orr事件440 U. S. 268頁（1979）、Califano v. Goldfarb事件430 U. S. 199（1977）（多数意見）、Weinberger v. Wiesenfeld事件420 U. S. 636（1975）及びFrontiero v. Richardson事件411 U. S. 677頁（1973）参照］。Loving事件及びZablocki事件と同様、これらの判例も、婚姻制度における不平等を平等保護条項によって明らかにして是正することができることを示して、憲法上の自由と平等の原則の正当性を証明している。

他の判例からも自由と平等の間のこの関係を確認することができる。M. L. B. v. S. L. J.事件において、困窮する母親が親権の終了について異議を申し立てる条件として手数料の支払いを必要とする法律を、当裁判所は、デュー・プロセス及び平等保護の原則に基づいて無効とした［519 U. S. 119-124頁参照］。Eisenstadt v. Baird事件において、避妊具の配布を未婚者に禁止し既婚者には禁止しない法律を無効にするにあたって、当裁判所は両原則に依拠した〔405 U. S. 446-454 頁参照〕。そして Skinner v. Oklahoma ex rel. Williamson 事件において、当裁判所は、両原則に依拠して、常習犯罪者に対する不妊処置を認める法律を無効とした〔316 U. S. 538-543 頁参照〕。

ゲイとレズビアンの法的取扱いにおいてこの二つの憲法上の保障条項が相互に重畳的に適用される性質があることを当裁判所は Lawrence 事件で確認した〔539 U. S. 575 頁参照〕。Lawrence 事件判決の理由づけはデュー・プロセス条項に基づいているものの、同判決はゲイとレズビアンの実生活における性的行為を州法上犯罪とすることが継続的な不平等に該当しこれを是正しようとした〔同上参照〕。したがって、Lawrence 事件判決は、州が「ゲイとレズビアンの私的な性行為を犯罪とすることによって、その存在を貶め、その運命を支配することは許されない」と判示して、ゲイとレズビアンの権利を保障するため、自由と平等の原則に依拠したのである〔同上578 頁〕。

両条項のこのダイナミックな相互作用は同性婚にもあてはまる。ここまでの説明で本件法律が同性カップルの自由を制約するものであることが明らかとなり、さらに本件法律が平等原則の中心的な保護を矮小化するものであることも認めなければならない。本件で被上告人らが適用する婚姻法は本質的に不平等である。すなわち、同性カップルは異性カップルに与えられるすべての利益を否定され、基本的権利の行使を禁じられている。特に、同性カップルの関係が長い間承認を受けられなかった歴史を考慮すると、同性カップルの婚姻する権利の否定は、重要かつ継続的な権利侵害を構成する。ゲイとレズビアンに対し、このように権利を否定することは、その尊厳をないがしろにし、その地位を劣ったものにすることになる。そして平等保護条項は、デュー・プロセス条項と同様に、婚姻する基本的権利に対するこのような正当化事由のない侵害を禁じている〔例えば、Zablocki 事件 前掲383-388 頁及び Skinner 事件 316 U. S. 541 頁参照〕。

以上の理由により、婚姻する権利は人の自由に内在する基本的権利であり、修正第14条のデュー・プロセス条項及び平等保護条項に基づき、同性カップルから当該権利及び当該自由を奪ってはならないとの結論が導かれる。当裁判所はここに同性カップルは婚姻する基本的権利を享受することができると判示する。この自由を同性カップルに否定することはもはや許されない。Baker v. Nelson 事件に係る判例は変更されるべきであって、ここに変更する。本件各州法を、異性カップルと同一条件の民事婚から同性カップルを排除する限度において、無効とする。

IV

本件について、さらなる立法、訴訟、議論を待って、慎重に進めるべきであるという考え方もあるかもしれない。被上告人らは、婚姻の定義という基本的な問題を決定するだけに足る民主的な議論が不足していると主張する。現在当裁判所に係属する本件についての控訴審判決で、控訴裁判所の多数意見は、被上告人である州が同性婚を許可する前にさらなる公的議論と政治的措置を待つのが適切であるという論旨を力強く展開した［DeBoer 事件 772 F. 3d, 409 頁参照］。

しかしこの論旨が認めるよりもはるかに多くの議論がすでになされてきている。無数の研究、論文、書籍その他の一般的・学術的著作のほか、州民投票、立法的討論、草の根キャンペーンが展開されてきた。州裁判所及び連邦裁判所それぞれにおいて多くの訴訟が行われてきた［後記別紙A参照］。この問題に係る裁判所の意見は、当事者及び代理人からの主張を十分踏まえたものであり、かかる主張は過去数十年以上にわたって行われてきた同性婚及びその意味についてのより一般的で社会的な議論を反映している。１００以上の法廷助言者（アミカス・キュリィ）がその書面で明らかにしたとおり、州及び地方政府、軍、大小の企業、労働組合、宗教団体、法執行機関、市民団体、専門機関並びに大学等のアメリカ生活において中心的な地位を占める機関の多くがこの問題に十分な関心を払ってきた。このことを通じてこの問題に対する理解はさらに深まり、かかる理解は憲法問題としてここに提起されている問題について各当事者が行っている主張に反映されている。

憲法が民主主義を変化のための適切な手続きだと考えているのは確かだが、それはかかる手続きが基本的権利を侵害しない限りにおいてである。前回の開廷期、Schuette v. BAMN 事件［572 U. S. ＿ 頁

(2014)］において、当裁判所の多数意見は市民には「学び決定するために議論をする権利、そして政治的過程を通じて自らの時代の方針を決定するため共同して行動する権利」があることを指摘して、民主主義の重要性を再確認した［同上＿＿-＿＿頁（slip op. 15-16 頁）］。実際に、人生における自由は、民主主義を通じて、保全・保障されることが最も多い。しかし Schuette 事件判決はまた「憲法上保障される自由の本質的要素の一つは、違法な国家権力の行使によって個人の権利が侵害されないことである。」とも判示した［同上＿＿頁（slip op.15 頁）］。したがって個人の権利が侵害される場合、民主主義が有する一般的な価値にかかわらず「憲法は裁判所による救済を要求する」のである［同上＿＿頁（slip op. 17 頁）］。このことはたとえ個人の権利を保障することがこの上なく重要でセンシティブな問題に影響を与える場合にも妥当する。

我が国の憲法制度上、個人が基本的権利を主張するにあたって立法行為を待つ必要はない。我が国の裁判所は、基本憲章である憲法に基づく直接的かつ個人的な権利を主張する権利侵害を受けた個人に対し、開かれている。たとえ社会一般が反対し、立法府が行動を起こすことを拒否している場合であっても、個人は侵害を受けた場合、憲法上の保護を受ける権利を行使することができる。憲法は「一定の事項を政治論争の対象から外し、多数派及び政府の関与が及ばないようにし、裁判所が適用する法原則として確立する」という思想に基づいている［West Virginia Bd. of Ed. v. Barnette 事件319 U. S. 624, 638 頁（1943）］。だからこそ、「基本的権利を投票にかけることはできず、基本的権利は選挙の結果によって左右されない」［同上］。同性婚の主張者が民主的過程において現在優勢か劣勢かどうかは重要ではない。当裁判所が審理すべき問題は憲法が同性カップルの婚姻する権利を保障しているかどうかという法的問題なのである。

当裁判所が基本的権利を認定し保障するにあたって慎重なアプローチを採るよう求められたのは今回が初めてではない。Bowers 事件では同性間の性的行為を犯罪とする法律を5対4の僅差で合憲とした［478 U. S. 186, 190-195 頁参照］。Bowers 事件でとられたアプローチは、ゲイとレズビアンの権利について検討し始めたばかりの民主的過程を、慎重にではあるが是認したものだとあるいは受け止められたかもしれない。しかし実際には Bowers 事件判決はその効果としてゲイとレズビアンの基本的権利を否定し、ゲイとレズビアンに苦痛と屈辱をもたらす州の行為を是認することとなった。同事件の反対意見から明らかなとおり、Bowers 事件当時において正しい判示を行うために必要な事実及び諸原則を当裁判所は理解していた［同上199頁（Blackmun 裁判官の反対意見 Brennan 裁判官、Marshall 裁判官及び Stevens 裁判官が同調）及び214頁（Stevens 裁判官の反対意見 Brennan 裁判官及び Marshall 裁判官が同調）参照］。だからこそ、Lawrence 事件判決は Bowers 事件判決について「判決時点において正しくなかった」と判示したのである［539 U. S. 578頁］。Bowers 事件判決は Lawrence 事件判決に基づき最終的に判例変更されたものの、その間多くの男女の尊厳・権利が侵害された状態が継続したのであり、Bowers 事件判決に係る判例変更後においてもその後遺症は疑いなく長く続いたであろう。尊厳に対する侵害を、筆先で直すことが常に可能とは限らないのである。

同性カップルの権利を否定する判決は同じ結果を招来するであろうし、Bowers 事件判決と同様、修正第14条の下で正当化することはできない。上告人らが主張する事情から、上告人らが当裁判所に提示する問題の緊急性は明白というべきである。ジェームズ・オーバーガフェルは、オハイオ州が彼とジョン・アーサーとの間の婚姻を永久に無効とすることができるのかという問題を今提起している。エイプリル・デボーとジェイン・ラウスは、彼女たちとその子どもたちにとって幼少期があっという間に過ぎ去ってしまうという中で、すべての母親が子どもを守るために望む確実性と安定性をミシガン州が否定し続けてよいのかという問題を今提起している。イファー・デクーとトーマス・コストゥラは、テネシー州が、我が国に奉仕した者がニューヨーク州の婚姻の承認を受けるというその基本的尊厳に係る権利を否定できるのかという問題を今提起している。各上告人らの事件が適法に提示されていることから、当裁判所はこれらの主張を審理し、これらの提起された問題に応える義務を有する。

実際に、連邦法の解釈について許容できない地域的不一致をもたらす各連邦控訴裁判所間の異なる判断に直面し、当裁判所は同性カップルが婚姻する権利を享受できるか否かを判断するため上告を受理した。仮に当裁判所が問題の法律を合憲と判断すれば、我々の社会の最も基本的な規範に各法律が適合するものであることを示す結果となる。仮に同性カップルが要求する具体的な公的利益を享受できるか否かがゆっくりと個別的に判断されるよう、当裁判所が判断を控えることとしても、婚姻に伴う多くの権利と責任をゲイとレズビアンのカップルに対し否定することになる。

被上告人らはまた、同性カップルの婚姻を許容することにより異性婚が減少し、その結果として制度としての婚姻を損なうことになると主張する。同性婚を許容することにより生殖と婚姻との関係が断ち切られることからこのような事態が発生すると被上告人らは主張する。しかしながら、このような主張は異性カップルが婚姻し親となることを決定する理由に直感的に反する。婚姻するかどうか、そして子どもを育てるかどうかについての意思決定は、多くの個人的な、ロマンチックな、そして現実的な考慮に基づき行われるものであって、同性カップルが婚姻できるから異性カップルが婚姻することを選択しないと結論づけることは非現実的である [Kitchen v. Herbert 事件 755 F. 3d 1193, 1223 頁 (CA10 2014) 参照 (「同性カップル間の愛とコミットメントを州が承認することが、異性カップルによる最も親密で個人的な決定を変えてしまうと考えることには、合理性が全くない。」)]。被上告人らは、同性婚を許容することがその主張するような有害な結果をもたらすという結論の根拠を示していない。実際に、同性カップルに対し婚姻する権利を否定する根拠として被上告人らが主張する理由に対しては、本件は二人の同意した成人の婚姻する権利のみを問題とするものであって、その婚姻は当事者の権利も第三者の権利も侵害するリスクがないものであることを指摘することが適切であろう。

最後に、宗教及び宗教上の教義を信奉する者が、宗教上の原理原則上同性婚は容認されないという強く真摯な信念を持ち続けることは、何ら妨げられないことを強調しておかなければならない。宗教法人・信仰を有する個人が、その人生と信仰を充実させるその核心でもある教義を教えるにあたって、長い間崇敬してきた家族の形態を保持し続けることは、修正第1条に基づき適切に保障される。他の理由に基づき同性婚に反対する者についても同様のことがあてはまる。同様に、同性婚を認めることが正しいあるいは不可欠であると考える者が、それが宗教的信念に基づくものか世俗的な信念に基づくかにかかわらず、その見解に反対する者との間でオープンかつ徹底的に議論することもできる。しかし州が異性カップルと同一条件での婚姻を同性カップルに禁じることは憲法上許されない。

V

本件はまた、憲法上州が州外で有効に成立した同性婚を承認する義務があるか否かという問題も提起する。オーバーガフェルとアーサーの事件、そしてデクーとコストゥラの事件から明らかなとおり、かかる承認を禁止することは同性カップルに対する重大かつ継続的な侵害となる。

ある州で有効な婚姻を他の州で無効とすることは、家族関係法において「最も難解で、悲惨な混乱をもたらす事態の一つ」である［Williams v. North Carolina 事件 317 U. S. 287, 299 頁（文中の引用符は省略）］。現在の状況をそのままにしておくことは不安定性と不確実性を維持し、助長する。カップルによっては、家族や友人を訪ねに車で隣の州に普通に行くことさえも、配偶者が州境で入院するような事態になれば、大変困難な事態をもたらすリスクを伴う行為となる。多くの州ですでに同性婚が認められており、何十万件もの同性婚がすでになされている事実に鑑みると、承認しないことに起因する混乱は重大であり、混乱はますます増加する。

被上告人らの代理人が弁論の場で認めたとおり、憲法に基づき州が同性カップルに対して婚姻許可状を発行する義務があるのであれば、州外で成立した同性婚の承認を拒否することを正当化する根拠はなくなる［Tr. of Oral Arg. on Question 2, 44 頁参照］。当裁判所は、本判決において、同性カップルは全州において婚姻する基本的権利を行使できると判示する。したがって、当裁判所はまた、州が同性間の婚姻であることを理由として、他の州で適法に成立した同性婚の承認を拒否する法的根拠はないと判示しなければならないし、そのように判示する。

＊　＊　＊

婚姻ほど深遠な結び付きはない。婚姻は、愛、貞節、献身、自己犠牲及び家族の最高の理想を内包するからである。婚姻という結び付きを形成することによって、二人の人間が、それ以前の一人ひとりの自分とは異なるより大きな存在となる。本件上告人らの一部が示すように、婚姻は、死を超えてもなお存続する愛を内包する。上告人らである男性や女性が婚姻の理想を軽んじているという主張は彼らを誤解するものである。彼らは、彼らが婚姻を尊重していること、その充足感を自らのために求めるほど深く婚姻を尊重していることを、切実に訴えているのである。彼らの希望は、文明最古の制度の一つである婚姻から排除され、孤独の中で生きることを余儀なくされるようにならないことである。彼らは、法の下で等しくその尊厳が尊重されることを求めている。憲法は彼らにその権利を保障する。

第六巡回区控訴裁判所の判決を破棄する。

以上の通り命じる。

【別紙A】 同性婚を扱った州裁判所及び連邦裁判所の判決

◆連邦控訴裁判所判決

Adams v. Howerton, 673 F. 2d 1036(CA9 1982)
Smelt v. County of Orange, 447 F. 3d 673(CA9 2006)
Citizens for Equal Protection v. Bruning, 455 F. 3d 859(CA8 2006)
Windsor v. United States, 699 F. 3d 169(CA2 2012)
Massachusetts v. Department of Health and Human Services, 682 F. 3d 1(CA1 2012)
Perry v. Brown, 671 F. 3d 1052(CA9 2012)
Latta v. Otter, 771 F. 3d 456(CA9 2014)
Baskin v. Bogan, 766 F. 3d 648(CA7 2014)
Bishop v. Smith, 760 F. 3d 1070(CA10 2014)
Bostic v. Schaefer, 760 F. 3d 352(CA4 2014)
Kitchen v. Herbert, 755 F. 3d 1193(CA10 2014)
DeBoer v. Snyder, 772 F. 3d 388(CA6 2014)
Latta v. Otter, 779 F. 3d 902(CA9 2015)（大法廷での再審理の拒否による O'Scannlain 裁判官の反対意見）

◆連邦地方裁判所判決

Adams v. Howerton, 486 F. Supp. 1119 (CD Cal. 1980)
Citizens for Equal Protection, Inc. v. Bruning, 290 F. Supp. 2d 1004 (Neb. 2003)
Citizens for Equal Protection v. Bruning, 368 F. Supp. 2d 980 (Neb. 2005)
Wilson v. Ake, 354 F. Supp. 2d 1298(MD Fla. 2005)
Smelt v. County of Orange, 374 F. Supp. 2d 861(CD Cal. 2005)
Bishop v. Oklahoma ex rel. Edmondson, 447 F. Supp. 2d 1239(ND Okla. 2006)
Massachusetts v. Department of Health and Human Services, 698 F. Supp. 2d 234 (Mass. 2010)
Gill v. Office of Personnel Management, 699 F. Supp. 2d 374(Mass. 2010)
Perry v. Schwarzenegger, 704 F. Supp. 2d 921(ND Cal. 2010)
Dragovich v. Department of Treasury, 764 F. Supp. 2d 1178(ND Cal. 2011)

Golinski v. Office of Personnel Management, 824 F. Supp. 2d 968(ND Cal. 2012)
Dragovich v. Department of Treasury, 872 F. Supp. 2d 944 (ND Cal. 2012)
Windsor v. United States, 833 F. Supp. 2d 394(SDNY 2012)
Pedersen v. Office of Personnel Management, 881 F. Supp. 2d 294(Conn. 2012)
Jackson v. Abercrombie, 884 F. Supp. 2d 1065(Haw. 2012)
Sevcik v. Sandoval, 911 F. Supp. 2d 996(Nev. 2012)
Merritt v. Attorney General, 2013 WL 6044329(MD La., Nov. 14, 2013)
Gray v. Orr, 4 F. Supp. 3d 984(ND Ill. 2013)
Lee v. Orr, 2013 WL 6490577(ND Ill., Dec. 10, 2013)
Kitchen v. Herbert, 961 F. Supp. 2d 1181(Utah 2013)
Obergefell v. Wymyslo, 962 F. Supp. 2d 968(SD Ohio 2013)
Bishop v. United States ex rel. Holder, 962 F. Supp. 2d 1252(ND Okla. 2014)
Bourke v. Beshear, 996 F. Supp. 2d 542(WD Ky. 2014)
Lee v. Orr, 2014 WL 683680 (ND Ill., Feb. 21, 2014)
Bostic v. Rainey, 970 F. Supp. 2d 456(ED Va. 2014)
De Leon v. Perry, 975 F. Supp. 2d 632(WD Tex. 2014)
Tanco v. Haslam, 7 F. Supp. 3d 759(MD Tenn. 2014)
DeBoer v. Snyder, 973 F. Supp. 2d 757(ED Mich. 2014)
Henry v. Himes, 14 F. Supp. 3d 1036(SD Ohio 2014)
Latta v. Otter, 19 F. Supp. 3d 1054(Idaho 2014)
Geiger v. Kitzhaber, 994 F. Supp. 2d 1128(Ore. 2014)
Evans v. Utah, 21 F. Supp. 3d 1192(Utah 2014)
Whitewood v. Wolf, 992 F. Supp. 2d 410(MD Pa. 2014)
Wolf v. Walker, 986 F. Supp. 2d 982(WD Wis. 2014)
Baskin v. Bogan, 12 F. Supp. 3d 1144(SD Ind. 2014)
Love v. Beshear, 989 F. Supp. 2d 536(WD Ky. 2014)
Burns v. Hickenlooper, 2014 WL 3634834(Colo., July 23, 2014)
Bowling v. Pence, 39 F. Supp. 3d 1025(SD Ind. 2014)

Brenner v. Scott, 999 F. Supp. 2d 1278(ND Fla. 2014)
Robicheaux v. Caldwell, 2 F. Supp. 3d 910(ED La. 2014)
General Synod of the United Church of Christ v. Resinger, 12 F. Supp.3d 790(WDNC 2014)
Hamby v. Parnell, 56 F. Supp. 3d 1056(Alaska 2014)
Fisher-Borne v. Smith, 14 F. Supp. 3d 695(MDNC 2014)
Majors v. Horne, 14 F. Supp. 3d 1313(Ariz. 2014)
Connolly v. Jeanes, __F. Supp. 3d________, 2014 WL 5320642(Ariz., Oct. 17, 2014)
Guzzo v. Mead, 2014 WL 5317797(Wyo., Oct. 17, 2014)
Conde-Vidal v. Garcia-Padilla, 54 F. Supp. 3d 157(PR 2014)
Marie v. Moser, __F. Supp. 3d__, 2014 WL 5598128(Kan., Nov. 4, 2014)
Lawson v. Kelly, 58 F. Supp. 3d 923(WD Mo. 2014)
McGee v. Cole, _____F. Supp. 3d________, 2014 WL 5802665(SD W. Va., Nov. 7, 2014)
Condon v. Haley, 21 F. Supp. 3d 572(S. C. 2014)
Bradacs v. Haley, 58 F. Supp. 3d 514(S. C. 2014)
Rolando v. Fox, 23 F. Supp. 3d 1227(Mont. 2014)
Jernigan v. Crane, __F. Supp. 3d______, 2014 WL 6685391(ED Ark., Nov. 25, 2014)
Campaign for Southern Equality v. Bryant,_F. Supp. 3d_________, 2014 WL 6680570 (SD Miss., Nov. 25, 2014)
Inniss v. Aderhold, __F. Supp. 3d__, 2015 WL 300593(ND Ga., Jan. 8, 2015)
Rosenbrahn v. Daugaard, 61 F. Supp. 3d 862(S. D., 2015)
Caspar v. Snyder, __F. Supp. 3d___, 2015 WL 224741(ED Mich., Jan. 15, 2015)
Searcey v. Strange, 2015 U. S. Dist. LEXIS 7776(SD Ala., Jan. 23, 2015)
Strawser v. Strange, 44 F. Supp. 3d 1206(SD Ala. 2015)
Waters v. Ricketts, 48 F. Supp. 3d 1271(Neb. 2015)

◆州最高裁判所判決

Baker v. Nelson, 291 Minn. 310, 191 N. W. 2d 185(1971)
Jones v. Hallahan, 501 S. W. 2d 588(Ky. 1973)
Baehr v. Lewin, 74 Haw. 530, 852 P. 2d 44(1993)

Dean v. District of Columbia, 653 A. 2d 307(D. C. 1995)

Baker v. State, 170 Vt. 194, 744 A. 2d 864(1999)

Brause v. State, 21 P. 3d 357 (Alaska 2001)(ripeness) Goodridge v. Department of Public Health, 440 Mass. 309, 798 N. E. 2d 941(2003)

In re Opinions of the Justices to the Senate, 440 Mass. 1201, 802 N. E. 2d 565 (2004)

Li v. State, 338 Or. 376, 110 P. 3d 91(2005)

Cote-Whitacre v. Department of Public Health, 446 Mass. 350, 844 N. E. 2d 623(2006)

Lewis v. Harris, 188 N. J. 415, 908 A. 2d 196(2006)

Andersen v. King County, 158 Wash. 2d 1, 138 P. 3d 963 (2006)

Hernandez v. Robles, 7 N. Y. 3d 338, 855 N. E. 2d 1 (2006)

Conaway v. Deane, 401 Md. 219, 932 A. 2d 571(2007)

In re Marriage Cases, 43 Cal. 4th 757, 183 P. 3d 384(2008)

Kerrigan v. Commissioner of Public Health, 289 Conn. 135, 957 A. 2d 407(2008)

Strauss v. Horton, 46 Cal. 4th 364, 207 P. 3d 48(2009)

Varnum v. Brien, 763 N. W. 2d 862(Iowa 2009)

Griego v. Oliver, 2014–NMSC–003, ______N. M.____, 316 P. 3d 865(2013)

Garden State Equality v. Dow, 216 N. J. 314, 79 A. 3d 1036(2013)

Ex parte State ex rel. Alabama Policy Institute,_____So. 3d____, 2015 WL 892752(Ala., Mar. 3, 2015)

【別紙B】同性婚を合法化した州の立法及び裁判所の判決

◆立　法

Del. Code Ann., Tit. 13, §§129(Cum. Supp. 2014)

D. C. Act No. 18–248, 57 D. C. Reg. 27(2010)

Haw. Rev. Stat. §§572 –1(2006) and 2013 Cum. Supp.)

Ill. Pub. Act No. 98–597

Me. Rev. Stat. Ann., Tit. 19, §650–A(Cum. Supp. 2014)

2012 Md. Laws p. 9

2013 Minn Laws p. 404
2009 N. H. Laws p. 60
2011 N. Y Laws p. 749
2013 R. I. Laws p. 7
2009 Vt. Acts & Resolves p. 33
2012 Wash. Sess. Laws p. 199

◆裁判所の判決

Goodridge v. Department of Public Health, 440 Mass. 309, 798 N. E. 2d 941(2003)
Kerrigan v. Commissioner of Public Health, 289 Conn. 135, 957 A. 2d 407(2008)
Varnum v. Brien, 763 N. W. 2d 862(Iowa 2009)
Griego v. Oliver, 2014–NMSC–003, ___ N. M. ___, 316 P. 3d 865(2013)
Garden State Equality v. Dow, 216 N. J. 314, 79 A. 3d 1036(2013)

おわりに

２０１５年6月に、アメリカ合衆国の連邦最高裁判所が、同性婚を禁止することを違憲とする判決を言い渡しました。アメリカ合衆国において、最初の同性婚訴訟は１９７１年のミネソタ州のベイカー事件にさかのぼりますので、同性婚を求めた動きは、約40年にも及んだことになります。

一方で、当弁護団が把握している限り、日本において、「婚姻は男女に限られない。同性どうしでも婚姻を認めるべきだ」と正面から同性婚が求められ、その成否を判断した裁判例は、まだないようです。同性婚を求める動きは、今回の人権救済申立てが最初の試みということになります。

おそらく、日本でも、近いうちに同性婚を求める裁判が起こされるでしょう。そして、その裁判では、今回の人権救済申立ての結果が、重要な資料として参照されることになると思われます。今回の人権救済申立ては、今後の同性婚裁判につながることを意味します。

では、司法の手続きによるのではなく、同性婚を認める法律が制定される可能性があるでしょうか。

２０１５年3月17日に、超党派の議員によって「ＬＧＢＴ（性的少数者）に関する課題を考える議員連盟」が結成されました。政党を超えて、各議員が協働して、ＬＧＢＴに関する法律について議論していくことが決まったのです。

さらには、２０１６年2月に、自民党の正式な機関として、「性的指向・性自認に関する特命委員会」が設置されました。その後、特命委員会が、議論を、「議論のとりまとめ」として発表しました。

そして、２０１６年5月27日に、野党4党（民進党・共産党・社民党・生活の党と山本太郎となかまたち）が衆議院に「性的指向又は性自認を理由とする差別の解消等の推進に関する法律案」（通称：ＬＧＢＴ差別解消法案）を提出しました。

報道を見ている限り、同性婚を認める法案が議論されているわけではないようですが、セクシュアル・マイノリティに関する法案が議論されていることは間違いありません。おそらく近い将来に、何らかの法律が制定されることでしょう。

このような社会になることを果たしてだれが予想したでしょうか。数年前まで、同性婚を求める法的手続きが始まろうなどとだれも予想しなかったでしょうし、セクシュアル・マイノリティに関する法案が議論されることなど、だれも予想しなかったと思います。

一方で、残念ながら、社会のなかで、セクシュアル・マイノリティに関して偏見を持っている人がいるのも否定できない事実です。性的指向・性自認が多様であることに対して、心ない一言を浴びせかける人もいます。２０１６年7月時点において、同性婚が将来認められることになると思っている人は多くはないのかもしれません。

そもそも、「性」は、きわめてセンシティブな事柄です。海外に比べて、日本では、「性」について正面から語られる機会が少ないように思います。語るにしても、往々にして、猥雑なもの、いやらしいものとして語られてしまうことが多いのではないでしょうか。「性」の問題は、本来、自分らしく生きていくうえで、極めて重要なことですし、普遍的な性格を持っているはずです。もっと正面から、だれが好きなのか、自分がどういった性でいたいのかについて、語られてよいはずです。猥雑なもの、いやらしいものとして語るのではなく、まじめに、けれどもときにはカジュアルに語られることで、自分と違う存在をお互いに認め合うような多様性のある社会のために、きっと意味をもつと思うのです。

いまはまだ、同性婚が認められることなど、思い描くのは難しいかもしれません。マハトマ・ガンジーが「良きことはカタツムリのようにゆっくり進む」と述べているように、そのスピードは速いものではないかもしれません。

ただ、歩みは遅くとも、その未来は、確実に到来します。当弁護団は、性別に関係なく自分が望む人と結婚できるよう、皆さんとともに前進したいと考えています。

2016年7月7日

編者を代表して

加藤慶二

バー。「一般社団法人 Marriage For All Japan - 結婚の自由をすべての人に」共同代表、「結婚の自由をすべての人に」関西訴訟弁護団員。

中川重徳★（なかがわ・しげのり）**PART４「４ 動き出した同性パートナーシップ制度」**
1959年東京都生まれ。1988年弁護士登録。2000年諏訪の森法律事務所開設（新宿区高田馬場)。「府中青年の家」訴訟（1991年から1997年）を機にセクシュアル・マイノリティ、同性パートナー支援に関わる。2003年から2013年、都立七生養護学校の性教育をめぐる「こころとからだの学習」裁判弁護団。他に、原爆症認定集団訴訟東京弁護団並びにノーモア・ヒバクシャ訴訟全国弁護団連絡会事務局長。2015年4月から、渋谷区男女平等・多様性社会推進会議委員。

谷口洋幸（たにぐち・ひろゆき） **PART５「世界にひろがる同性婚」**
1975年岐阜県生まれ。青山学院大学教授、博士（法学)。日本学術振興会特別研究員、早稲田大学、高岡法科大学、金沢大学を経て現職。日本学術会議連携会員。専門は国際法・ジェンダー法。国際法・比較法の視点から性的指向や性自認に関連する人権問題を研究している。主著に『性的マイノリティ判例解説』（編著、信山社・2011)、『性同一性障害：ジェンダー・医療・特例法』（石田仁編著、御茶の水書房・2008)、『LGBTをめぐる法と社会』（編著、日本加除出版・2019）ほか。

藤田直介★（ふじた・なおすけ） **付録翻訳**
1962年東京都生まれ。早稲田大学法学部卒。1987年第二東京弁護士会に弁護士登録。米国ミシガン大学ロースクール法学修士。司法修習（39期）終了後、内外法律事務所、外資系金融機関法務部長を経て現在年金積立金管理運用独立行政法人法務室長。NPO法人LGBTとアライのための法律家ネットワーク共同代表。

猪子（ヒューイット）晶代（いのこ・ひゅーいっと・あきよ） **付録翻訳**
1987年愛知県生まれ。東京外国語大学卒。慶應大学法科大学院修了。司法修習（66期）修了後、渡米し、企業法務分野・人権分野・入管分野の翻訳に携わる。現在は、Smith, Gambrell & Russell（SGR）法律事務所にて、弁護士として米国進出日系企業に法的サービスを提供している。

◆編集協力者
服部　咲★（はっとり・さき／諏訪の森法律事務所）
水谷陽子★（みずたに・ようこ／弁護士法人名古屋法律事務所）
熊澤美帆★（くまざわ・みほ／東京千代田法律事務所）
堀江哲史★（ほりえ・さとし／ミッレ・フォーリエ法律事務所）
加藤丈晴★（かとう・たけはる／北海道合同法律事務所）

原島有史★（はらしま・ゆうじ）**PART２「３ なぜ、差別や偏見が生まれるのだろう？」**
1981年横浜市生まれ。2010年第二東京弁護士会に弁護士登録。アンダーソン・毛利・友常法律事務所等の勤務を経て、2013年12月、早稲田リーガルコモンズ法律事務所共同経営参画。過労死・過労自殺事件、障害者・高齢者支援、セクシュアル・マイノリティ支援等に取り組む。特定非営利活動法人 EMA 日本理事。

前園進也※★（まえぞの・しんや）
PART２「４ なぜ、差別はいけないんだろう？」、付録「米国最高裁判決までの道のり」
1974年神奈川県生まれ。2011年弁護士登録。埼玉県さいたま市のアーネスト法律事務所（埼玉弁護士会）所属。現在は、知的・精神障害者とその家族の支援、LGBT 支援に重点的に取り組む。1990年後半に出会った伏見憲明氏の著作に多大な影響を受けて、セクシュアル・マイノリティの問題に強く関心をもつようになる。

森 あい★（もり・あい）**PART３（１～６）、PART4「１ 民法ではどうなっているんだろう？」**
大阪育ち。2011年東京弁護士会に弁護士登録。弁護士法人東京パブリック法律事務所での勤務を経て、2014年６月熊本県弁護士会に登録換えし、現事務所は阿蘇法律事務所。GID 法律上も父になりたい裁判弁護団員。日弁連「LGBT の権利に関する PT」メンバー。「結婚の自由をすべての人に」九州訴訟弁護団員。

加藤慶二※★（かとう・けいじ）**PART３（７～９）、「おわりに」**
1984年愛知県生まれ。2013年第二東京弁護士会に弁護士登録。当初は東京都日野市にある日野市民法律事務所に所属。2021年1月から諏訪の森法律事務所に移籍。「結婚の自由をすべての人に」東京訴訟弁護団事務局長、登録政治資金監査人。担当業務は、一般民事、刑事事件、行政事件など幅広いが、特に、セクシュアル・マイノリティの問題、詐欺等の消費者被害、政治資金規正法業務、公職選挙法業務、議員の顧問業務などに力を入れている。

永野 靖★（ながの・やすし）**PART４「２ 憲法ではどう解釈できるのだろう？」**
1959年東京都生まれ。2000年東京弁護士会に弁護士登録。東京南部法律事務所での勤務を経て、2012年7月、永野・山下法律事務所設立。市民や中小企業の法律事件を幅広く手がけるとともに、セクシュアル・マイノリティ、HIV 陽性者の権利擁護活動に取り組む。

岸本英嗣★（きしもと・ひでつぐ）**PART４「２ 憲法ではどう解釈できるのだろう？」**
1982年大阪府生まれ。2014年東京弁護士会に弁護士登録。弁護士法人東京表参道法律会計事務所所属。「一般社団法人 Marriage For All Japan - 結婚の自由をすべての人に」事務局。

三輪晃義★（みわ・あきよし）**PART４「３ 子どもを産み育てることと同性婚」**
2012年大阪弁護士会に弁護士登録。現在、ソフィオ法律事務所にて執務を行い、一般の民事・刑事事件の他、労働者や労働組合の事件、離婚・相続などの家事事件、性暴力・ＤＶ被害者支援等に取り組む。大学院在学中に LGBT サークルの世話人に就いていたこともあり、LGBT 支援にも積極的に取り組んでいる。日弁連「LGBT の権利に関する PT」メン

◆執筆者紹介　（執筆順、※は編者代表、★印は弁護団メンバー）

山下敏雅★（やました・としまさ）　**プロローグ、「重版によせて」**
1978年高知県生まれ。2003年東京弁護士会に弁護士登録。川人法律事務所、弁護士法人東京パブリック法律事務所（公設事務所）での勤務を経て、2012年7月、永野・山下法律事務所設立。過労死・過労自殺事件、児童虐待事件、セクシュアル・マイノリティ支援、HIV陽性者支援等に取り組む。GID法律上も父になりたい裁判弁護団長。

鈴木朋絵★（すずき・ともえ）　**PART１（1〜5）**
東京育ち。2005年山口県弁護士会に弁護士登録。浜崎法律事務所での勤務を経て、2009年4月鈴木法律事務所設立。ＤＶ・ストーカー事件、犯罪被害者支援、高齢者障害者虐待案件、セクシュアル・マイノリティ支援、過労死・過労自殺事件、裁判所支部問題等に取り組む。「結婚の自由をすべての人に」九州訴訟弁護団員。

上杉崇子★（うえすぎ・たかこ）　**PART１（1〜5）**
2011年弁護士登録（東京弁護士会）。TOKYO大樹法律事務所所属。セクシュアリティやジェンダーにまつわる法律問題に取り組んでいる。東京弁護士会・性の平等に関する委員会〔2018年度委員長〕、「結婚の自由をすべての人に」東京訴訟弁護団共同代表、僕の夫に在留資格を〜日米同性カップル在留訴訟〜弁護団員等。

寺原真希子★（てらはら・まきこ）　**PART２「1 同性愛ってなんだろう？」**
1974年神奈川県生まれ。2000年弁護士登録。長島・大野・常松法律事務所等での勤務、ニューヨーク大学ロースクール法学修士課程（2007年にNew York州弁護士試験合格）、メリルリンチ日本証券のリーガルカウンセルを経て、2010年より榎本・寺原法律事務所（現：弁護士法人東京表参道法律会計事務所）の共同パートナー。日弁連「両性の平等に関する委員会」特別嘱託委員、日弁連「LGBTの権利に関するPT」メンバー、日弁連「性同一性障害者の性別の取扱いの特例に関する法律検討PT」メンバー、東京弁護士会「両性の平等に関する委員会」2015年度委員長、夫婦別姓訴訟弁護団。「一般社団法人Marriage For All Japan - 結婚の自由をすべての人に」共同代表、「結婚の自由をすべての人に」東京訴訟弁護団共同代表。

大畑泰次郎★（おおはた・たいじろう）
PART２「2なぜ、同性愛になるのだろう？」、PART３「コラム」
2000年大阪弁護士会に弁護士登録。開成法律事務所を経て、ソルティオ法律事務所共同パートナー。弁護士業務は、一般民事、家事、労働、成年後見・高齢者支援等全般にわたるが、医療、薬害事件も多い。大阪弁護士会「性的指向と性自認に関するプロジェクトチーム」委員、同チームで『LGBTsの法律問題Ｑ＆Ａ』（大学図書、2016年）を発行。大阪弁護士会人権擁護委員会（2020年度委員長）。「結婚の自由をすべての人に」関西訴訟弁護団員。名古屋「同性パートナーにも犯罪被害の遺族給付金を」訴訟弁護団員。

◆編者紹介

同性婚人権救済弁護団

日本で同性婚が認められていないことは人権侵害であるとして、日本弁護士連合会（日弁連）に対して、人権救済の申立てを行うべく結成された弁護団。LGBT支援法律家ネットワークの有志によって結成され、弁護団員は34名。日弁連による意見書「同性の当事者による婚姻に関する意見書」が出された後も、ホームページを公開中。

〈ホームページ〉 http://douseikon.net/

同性婚　だれもが自由に結婚する権利

二〇一六年十月十日　初版第一刷発行
二〇二一年五月十四日　初版第四刷発行

編　者――同性婚人権救済弁護団
発行者――大江道雅
発行所――株式会社 明石書店
一〇一―〇〇二一　東京都千代田区外神田六―九―五
電　話　〇三―五八一八―一一七一
FAX　〇三―五八一八―一一七四
振　替　〇〇一〇〇―七―二四五〇五
https://www.akashi.co.jp/
装　幀――プリグラフィックス（清水肇）
印　刷――モリモト印刷株式会社
製　本――モリモト印刷株式会社

（定価はカバーに表示してあります）
ISBN 978-4-7503-4393-8